삶의 의미를 찾아가는 여정

― 의미요법의 원리와 실제

하상훈 저

출판사 옛길

목 차

추천의 글 / 6

제1장　의미를 찾아가는 여행 / 15

제2장　인간을 바라보는 3가지 관점
　　　1. 영성을 지닌 존재 / 25
　　　2. 자유를 지닌 존재 / 27
　　　3. 책임을 지닌 존재 / 28
　　　4. 차원적 존재론 / 29

제3장　의미에 의지하는 존재
　　　1. 실존적 공허 / 34
　　　2. 실존적 좌절 / 36
　　　3. 영인성 신경증 / 37
　　　4. 의미에의 의지 / 38
　　　5. 세 가지 의지의 관계 / 41

제4장　의미의 두 가지 차원
　　　1. 궁극적 의미 / 48
　　　2. 순간적 의미 / 50
　　　3. 의미의 요구조건 / 52
　　　4. 실제적 접근 / 53

제5장　의미를 찾는 방법
　　　　1. 창조적 가치 / 58
　　　　2. 경험적 가치 / 61
　　　　3. 태도적 가치 / 63

제6장　의미요법의 일반과정
　　　　1. 초기 대화 / 68
　　　　2. 중간 대화 / 71
　　　　3. 종결 대화 / 76
　　　　4. 추수 대화 / 77

제7장　의미요법 개입 단계
　　　　1. 진단 단계 / 80
　　　　2. 치료 단계 / 89
　　　　3. 추수 단계 / 102

제8장　역설적 의도 / 104

제9장　반성제거 / 112

제10장　태도수정 기법 / 120

제11장   소크라테스 대화 / 130

제12장   이야기 의미요법
  1. 핵심단어의 사용 / 144
  2. 신중하게 구별하기 / 147
  3. 순진한 질문 / 149
  4. 상징과 은유의 사용 / 154
  5. 의미-가능성을 설명하기 / 158

제13장   의미요법의 응용
  1. 의미극 / 164
  2. 프랭클의 산맥 연습 / 168
  3. 인생 복습 및 예습 훈련 / 169
  4. 자서전 쓰기 프로그램 / 171
  5. 의미-앵커 기법 / 172
  6. 의미 잠재력의 발견 훈련 / 173
  7. 호소기법 / 175
  8. 공통분모 방법 / 177
  9. 의미요법의 꿈 분석 / 182
  10. 부부를 위한 '자기초월' 질문 / 190
  11. 치료학으로서의 문학과 예술 / 194

제14장   의미요법과 위기개입
　　　　1. 절망과 자살 / 201
　　　　2. 폭력과 공격성 / 204
　　　　3. 중독과 관계문제 / 206
　　　　4. 고통의 의미 찾기 : 고통, 죄책감과 상실 / 209
　　　　5. 사회적 무의미 / 215

제15장   초월적 자살 위기개입 모델 / 220

　　　　참고문헌 / 230

　　　　책 마무리에 / 236
　　　　생명의전화, 나, 의미

추천의 글

재난에 대체할 수 있는 최선의 방어책

하상훈 박사의 〈삶의 의미를 찾아가는 여정〉을 일독해보니 봄, 여름, 가을, 겨울을 몇 번 넘긴 묵은지의 냄새와 향이 솟구친다. 대학시절부터 사고의 반려자로 삼아온 의미요법이 젊음을 통째로 바친 생명의전화 원장의 자리에서 닥다르고 실천하며 익숙해진 상담의 도구였기에 이런 맛을 낸다고 여겨진다.

의미요법은 히틀러의 홀로코스트 판데믹을 이겨낸 프랭클의 증언이다. 그래서 의미요법은 고통과 고난 속에서 자유와 책임이란 두 날개를 퍼뜩이며 삶의 의미를 찾아가는 비극적 낙관주의이다. 요즈음 의미요법은 COVID 19 판데믹을 거치면서 새로운 희망의 상담체계로 떠오르고 있다. 히틀러의 홀로코스트는 히틀러의 통치영역 안에서 그 위세를 떨쳤으나 COVID 19는 전 세계를 공포와 죽음의 골짜기로 밀어 부쳤다.

이런 연유로 프랭클의 유작 Yes to Life in Spite of Everything 2019)과 Scott Barry Kaufman의 Post-Traumatic Growth(2021)라는 저서는 앞으로 닥쳐올 판데믹 재난에 대응하기 위해 프랭클의 의미요법으로부터 새로운 지혜를 도출해 내고 있다. 곧 버튼만 누르면 결재가 이루어지는 편의성, 고통과 고난을 과학적 수단으로 극복해 나가는 자신감, 골치 아프게 생각하지 말고 AI에게 부탁하는 명령어의 전능 시대에 병든 지구로부터 닥쳐올 예상할 수 없는 판데믹적 위기에 프랭클의 의미요법을 다시 앞세우자고 한다. 프랭클로부터 판데믹적 재앙을 이겨낼 수 있는 지혜는 중독적 확실성의 반대편(The opposite of toxic Positivity)에 있다고 한다. 곧 병든 지구로부터 생겨날 예상할 수 없는 재앙 속에서 인간이 대처할 수 있는 최선의 방비책은 그때 그 상황에서 삶의 의미를 찾아내는 창의성이라고 한다. 이런 연유로 프랭클의 의미 담론은 또다시 지평선 위로 떠오르고 있다.

    이참에 아주 쉽게, 그리고 친근하게 의미요법을 풀어나가는 하상훈 박사의 소담한 저작은 삶의 이야기를 나누고자 하는 이들에게 부담 없이 일독을 권하고 싶다.

和江 이기춘
(감리교신학대학교 전 총장, 명예교수)

추천의 글

생명사랑의 헌신적 인생 여정

 이 책은 하상훈 원장의 학문적이고 전문가적인 식견과 봉사, 헌신적인 인생 여정에서 얻은 소양을 종합 정리한 점에서 그 의미가 크다. 인생이란 무엇인가? 한마디로 "나는 누구와 무엇을 하며 어디에서 어떻게 살 것인가"라는 21개 글자로 요약되지 않을까 싶다. 결국 '무엇을 할 것인가'의 직업 선택과 '어떻게 살 것인가'의 삶의 자세와 철학적 건강이 중요한 과제로 다가온다.
 하 원장은 생명의전화라고 하는 일터에서 삶과 죽음의 갈림길에 선 위기의 사람들에게 희망과 용기를 주는 일을 했다. 그는 일찍이 '생명'의 존엄성과 인간의 '존재 의미'에 남다른 관심을 가졌던 것 같다. 그래서 심리학과 상담, 교육학과 같은 학문적 기반을 가지고 자살문제 해결을 위해 힘써 왔다.
 이제 하 원장은 한국에서 자살 문제에 대한 대표적인 전문가의 하나로 인정받고 있다. 모든 교육자에게 필요한 자질이지만 특히 상담 전문가는 모든 경우에 부모의 입장에서 생각하며 전문가 수준에서 대행 역할을 해야 한다. 내담자의 수준과 문제에 따라 교육자의 역할, 의사의 시각, 성직자의 마음가짐, 상담 전문가의 자세로 그때그때 다양한 관점을 유연하게 조절할 줄 알아야 한다. 하 원장의 경우, 이러한 다양한 역할을 적절하게 수행하는 능력을 갖춘 것으로 보인다.

총체적인 난국에 처해 있는 한국 사회에서 '의미요법'의 가치는 더욱 절실해 보인다. 28년 전 캐나다의 마셜 맥루언은 미래의 사람들은 노트북과 휴대전화, 그리고 헤드셋을 착용한 채 매우 빠르게 움직이면서 세계 각지를 돌아다니지만, 어디에도 집은 없을 것이라고 예언한 바가 있었다. 그의 예언대로 지금 새로운 유목민이 등장하였고, 유동성과 유연성의 시대가 왔다. 여기에 더해 세계화와 디지털 혁명은 기존의 유동성과 유연성에 새로운 '속도의 문화'를 등장하게 했고, '나' 중심의 개인주의, 개성의 세대를 오게 했다. 그 결과 기존의 관습과 체제, 문화와 연장자에 대한 저항과 도전이 시대정신으로 파급되었다. 이러한 급격한 사회변화로 인한 스트레스는 서서히 사람들을 무너뜨려 어느 날 우울증으로 악화되고, 불안장애, 각종 중독 등의 정신건강 문제가 심각해지고 있다.

이러한 거대한 변화의 소용돌이 앞에 의미요법은 어떤 목소리를 낼 수 있을까? 우리는 상황의 방관자로 무력한 피해자로 남아 있을 수 없다. 우리는 우리가 처해 있는 운명과 상황을 바꿀 수는 없지만 그 상황에 대한 자신의 태도를 바꿀 수 있는 자유의지가 있다. 급속한 변화 속에서도 인간성을 상실하지 않고, 생명존중의 가치와 삶의 목적과 의미 같은 영적 가치를 놓치지 말아야 한다.

1972년 우루과이 럭비팀이 칠레로 향하던 여객기가 안데스산맥에서 추락한 사건은 우리에게 시사하는 바가 크다. 그때 생존자들은 능력보다는 잠재력이 더 중요하다는 것을 보여주었다. 그들은 가장 최악의 상황에서도 절망하지 않는 강인한 정신력, 호기심과 통찰력, 사회적 관계 형성과 희망을 잃지 않는 독려, 결단력과 설득력, 강한 적응력, 살아남을 확신, 긍정적 사고력, 생명을 존중하는 태도 등은 잠재력으로서 엄청난 힘을 발휘했던 것이다.

우리 인간에게는 이와같이 도전적인 영적 힘이 잠재해 있다. 이 책을 통해서 우리 안에 있는 삶의 긍정성을 회복하고 정신적으로 건강한 의미 있는 삶을 사는 데 도움받기를 기대한다.

김홍규(인하대학교 명예교수)

추천의 글

삶의 긍정적 의미 만들기

세계보건기구에서 건강을 말할 때 건강하다는 것은 단순히 질병이 없는 상태뿐 아니라 신체적, 심리적, 사회적으로 웰빙상태라고 정의내린다. 그런데 질병에서 회복되어 퇴원을 앞둔 젊은 환자가 처자식을 버리고 자기 목숨을 끊고 죽어갈 때, 신체, 정신, 사회적인 건강만 유지해서는 부족하구나 하는 것을 느끼게 된다.

살아가면서 의미를 갖지 못하면 결국에는 자살까지 하는 그런 비극이 온다. 인간은 자신의 삶의 의미, 긍정적인 의미를 발견해야 비로소 행복해질 수 있는 것이다. 그렇다면 '인생은 살만한 가치가 있는 것이고 의미가 있는 것이다'라는 태도는 어떻게 얻게 되는가?

하상훈 박사는 생명의전화 원장으로서 자살을 생각하는 수많은 사람들과의 실제 상담을 통해 빅터 프랭클 박사의 의미요법이 그 답이 될 수 있음을 깨닫고 일찌감치 프랭클의 의미요법 전도사가 되었다. 인간이 살아가는 가장 근본적인 동기적 힘을 삶의 의미 찾기로 보고 그 구체적 방법들을 이 저서에서 하나하나 제시하였다.

사람이 사는데 '인생은 살만한 것이다'하는 긍정적인 의미는 어떤 지식보다는 하나의 믿음이다. 또 지금 상황이 아무리 불행하게 보일지라도 거기에는 의미가 있을 뿐만 아니라 인생은 살만한 가치가 있다는 희망을 가지고 살 때 사람은 행복해질 수 있다. 그런 믿음과 희망에서 비로소 우리가 이제까지 받았던 사랑을 인정할 수 있고, 내가 사랑을 받으면서 살아왔다는 그런 느낌이 있을 때 비로소 다른 사람을 사랑할 수 있는 것이다. 그때에 나의 관심이 나에게만 집중되지 않고 남에게도 펴나갈 수 있는 여유가 생기는 것 같다.

좌절의 심연에 빠져있을 때, 정말로 외로운 상태에 있을 때 누군가 아무 말을 안 해도 같이 있어주는, 그래서 고통을 동참하고 외로움에 동반해주는 그런 체험을 하면 그 사람이 평생 잊히지 않는다. 조금만 노력하면 주변에 도움이 필요한 사람에게 새 삶을 찾아갈 수 있는 이런 체험 즉 '인생은 살만한 것이다' 하는 긍정적인 의미를 우리가 만들어 낼 수 있다. 그 구체적 방법들이 이 책 안에 녹아있다.

이광자(이화여자대학교 명예교수)

제1장

의미를 찾아가는 여행

우리는 왜 사는가?

고등학교 시절이었다. 내가 다녔던 시골 교회에서는 매년 여름방학 때 중·고등부 여름 수련회를 가졌다. 그 해에는 인천 앞바다의 모도라고 하는 섬에서 수련회를 개최했다. 설레는 마음으로 인천 연안부두에서 배를 타고 그 섬에 도착했을 때 이미 많은 사람들이 한여름 휴가를 즐기고 있었다. 우리 일행들도 텐트를 치고 자리를 잡고 일정을 시작했다. 프로그램 중에는 섬에 온 사람들 다섯 명에게 왜 사는지 물어보고 그들의 대답을 받아 토론하는 시간이 있었다.

하얀 백사장에서는 많은 사람들이 파라솔 아래에서 뜨거운 여름 태양을 피해 있었다. 나는 사람들을 찾아다니며 왜 사냐고 물어보니 다양한 대답이 나왔다. 일부 사람들은 "삶이 주어졌기 때문에 사는 거야" "소중한 사람들과 함께하는 거야" "하고 싶은 일을 위해 사는 거야"라고 말했다. 또 다른 사람들은 "살아야 하는 의무가 있어서 사는 거야" "자신의 꿈을 이루기 위해 사는 거야"와 같은 다양한 이유를 이야기했다. 물론 어떤 사람들은 사는 게 힘들고 어려워서 쉬러 왔는데 골치 아픈 것을 질문한다고 호통을 치는 사람들도 있었다.

그 수련회 이후로 나는 다른 사람들에게 왜 사느냐고 물어보는 대신에 나 자신에게 "너는 왜 사니?"라고 자문해보곤 했다. 이 질문은 내 삶에서 가장 중요한 질문이 되었다. 고등학교 시절에는 종교적인 영향으로 신의 뜻에 따라 살아야 한다고 다짐했다. 대학 시절에는 가난한 사람들을 돕기 위해 불평등한 사회 구조를 개선하고 그들의 인권과 복지를 위해 싸워야 한다고 생각했다. 사회에 나가서는 대학에서 배운 심리학을 바탕으로 마음의 고통을 겪는 사람들의 이야기를 듣고 그들을 위로하고 용기와 희망을 심어주는 일을 선택했다. 돌이켜보면 "너는 왜 사니?"라는 질문에 대답하기 위해 노력한 것이 오늘까지 나를 버텨내게 하는데 데 도움이 되었다.

우리 사회에서 가장 큰 문제 중 하나는 자기 삶의 의미에 대해 진지하게 고민할 여유가 없다는 것이다. 청소년들에게 "너는 왜 사니?" 혹은 "어떤 삶을 살고 싶니?"라고 물어보면 대부분은 "몰라요"라고 대답한다. 이러한 현상은 성인들에게도 적용된다. 삶의 일상에 바쁘게 몰두하면서 왜 그렇게 힘들게 살아야 하는지 의미를 잊어버리는 것이다. 결과적으로 물질적인 성취를 쌓았다 해도 삶의 의미를 찾지 못하고 공허함을 느끼는 사람들이 많다.

 자신이 살아가는 이유를 알고 대답할 수 있다면 우리 사회에서 발생하는 폭력과 자살과 같은 문제를 해결할 수 있을 것이다. 니체가 말한 대로, 살아갈 이유가 있는 사람들은 어떠한 상황에서도 살아갈 수 있다. 삶의 의미가 있으면 어려운 상황에서도 그것을 극복해 나가는 힘이 생긴다. 그러나 살아갈 이유가 없다면 어려운 순간에 자신을 포기하고 극복의 의지마저 상실하게 된다. 필자는 지난 30년 이상 상담을 해 오면서 인간의 가장 중요하고 근본적인 동기는 삶의 의미를 찾는 것임을 느낄 수 있었다. 상담을 통해서 살아야 할 이유를 찾은 사람들은 절망을 넘어 희망을 찾아가려고 하였다.

의미요법과의 만남

내가 의미요법을 만나게 된 것은 대학시절이었다. 그 당시 우리나라는 군사정권 시절이었다. 1980년 광주민주항쟁이 일어나고 군사 쿠데타로 민주주의가 심하게 훼손되었다. 여러 가지 모순된 사회 속에서 어떻게 살아가는 것이 의미 있는 삶인지에 대해 많은 번민을 하고 있던 나에게 빅터 프랭클 박사의 책들은 구원의 소식과도 같았다. 2차 세계대전 중 더 큰 모순 속에서 있으면서도 자신을 잃지 않고 의미를 찾아 나섰던 빅터 프랭클 박사는 지금까지도 나의 마음속에 큰 스승으로 남아있다.

빅터 프랭클 박사는 유태인으로 1905년 오스트리아의 수도 비엔나에서 태어났다. 그는 같은 도시에 살고 있었던 지그문트 프로이드 박사와 알프레드 아들러 박사에게 영향을 받았지만 그들과는 다른 길을 가게 되었다. 정신과 전문의가 된 프랭클은 나치가 정권을 잡자 유대인이란 이유로 부모와 아내와 자녀들과 함께 유대인 수용소에 수감되었다. 그는 1942년부터 1945년까지 아우슈비츠 수용소를 비롯한 4개의 강제 수용소에서 보내면서 극도의 긴장과 공포의 시간을 보냈다. 그를 제외한 가족들은 다른 유대인들과 마찬가지로 수용소에서 사망하였고, 프랭클만 기적적으로 살아남았다. 그는 자신의 독특한 사상과 수용소에서의 경험을 토대로 의미요법이라는 새로운 심리치료법을 개발하여, 정신적으로 그리고 영적으로 장애가 있는 사람들에게 긍정적인 삶의 접근방식을 제공해 주게 되었다.

의미요법(logothertapy)은 그리스어의 logos(의미)와 therapy(요법)의 합성어이다. 의미요법은 의미를 통한 요법이다. 그리스어 'logos'란 단어의 사전적 의미는 '우주의 통제원리 혹은 신학적 용어로 하나님의 말씀(혹은 의지)'이다. 프랭클은 logos를 의미(meaning)로 번역했다. 만일 그의 번역이 받아들여진다면 의미란 우주통제의 원리이다. 그러므로 의미는 의식적으로든 무의식적으로든 우리가 그것을 향해 나아가야 할 삶의 중심 개념인 것이다.

의미요법에 의하면 한 인간의 삶에서 의미를 발견하기 위한 투쟁은 인간에게 있어서 가장 '근본적인 동기적 힘'이 된다. 프로이트는 정신분석학을 창안해서 인간의 근본적인 동기를 '쾌락에의 의지'라고 하였다. 그래서 인간은 쾌락을 목적으로 살기에 열심히 일하고 사랑한다고 하였다. 그리고 프로이트와 달리 개인심리학을 주장하고 있는 아들러는 '권력에의 의지'를 강조하고 있다. 그는 인간 행동의 동기를 열등감을 극복하고 우월감을 추구하는 존재로 보았다. 프랭클은 이들과는 다르게 '의미에의 의지'에 초점을 두고, 인간 행동의 동기를 의미를 추구하는 것이라고 하였다.

나는 프랭클이 삶을 향한 우리의 근본적인 동기는 쾌락, 권력 혹은 물질적 부를 찾는 것이 아니라 의미를 찾는 것이라는 말에 동의했다. 그리고 모순된 정치·사회적 현실이지만 그 속에서 나에게 주어진 삶의 의미가 무엇인지를 발견하려고 노력했던 것 같다. 그러한 노력이 나를 위로해 주었고 내 삶의 방향을 결정하는 데 도움이 되었다.

함께 생각합시다.

※ 프랭클은 인간이 살아가는 가장 근본적인 동기적 힘을 '삶의 의미 찾기'로 보았습니다. 여기에 대해 당신은 어떻게 생각하십니까?
※ 지금 당신이 살아가는 이유는 무엇입니까?

제2장

인간을 바라보는 3가지 관점

인간을 바라보는 3가지 관점

프랭클의 의미요법에서는 인간을 영성, 자유, 책임의 존재로 바라보고 있다. 이것은 그가 오랜 시간 동안 자신이 관찰해 온 것과 수용소 경험에 의해 확인이 된 것이다. 인간은 최악의 조건에서도 영적 자유나 존엄성을 유지하는 능력을 지닌 존재라고 보았다.

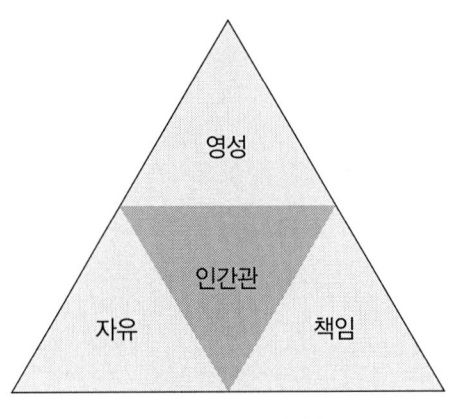

〈그림 1〉 프랭클의 인간관

프로이트의 정신분석적 접근에서는 인간이 성적 · 무의식적 충동에 의해 결정된다고 보았고, 스키너와 같은 행동주의적 접근에서는 인간이 외적 · 환경적인 원인에 의해 결정된다고 보았다. 프랭클은 인간이 내적 · 외적 환경에 의해 제한될 수밖에 없다고 하는 것은 인간의 능력을 과소평가하는 것이라고 했다. 물론 인간은 환경의 제한을 받기도 하지만, 또한 그것을 넘어서서 인간성의 위대함을 보여주는 감동적인 이야기가 세상에 가득 차 있다.

1. 영성을 지닌 존재

프랭클은 인간이란 동물과 달리 영적인 특징을 지닌 존재라고 보았다. 그는 인간이 신체적, 심리적, 그리고 영적인 3가지 차원의 분리될 수 없는 통일체라고 보았다.

프로이트가 질병이 신체로부터 뿐만 아니라 심리로부터 생길 수 있다는 것을 발견했을 때 우리는 자기 자신과 자신의 질병을 이해하는 데 새로운 차원을 갖게 되었다. 프랭클은 여기에 영성이라는 또 하나의 차원을 더한 것이다. 질병은 신체나 심리뿐 아니라 우리의 영성에서도 근거할 수 있다고 본 것이다. 의미요법에서는 이들 3차원 중 어느 한 차원도 무시하지 않는다. 인간은 생물학적 욕구에 의해 결정되기도 하고, 사회적 환경에 의해서 결정되기도 하지만, 인간의 진정한 모습은 그러한 제약을 넘어선 영적 차원에 의해 결정된다고 보고 있다.

프랭클은 그의 수용소 경험을 통해 인간에게는 신체와 심리와 독립적인 영역인 영적 자유의 흔적이 있다는 것을 발견했다. 그는 수용소에서조차도 인간의 존엄성이 유지될 수 있다는 사실을 확인하였다. 결국 인간의 영적 자유는 결코 빼앗을 수 없으며 오히려 인생을 의미 있고 목적 지향적으로 만든다고 하였다.

프로이트 앞에서 프랭클은 의학이 인간의 영성을 무시한다고 말했다. 그리고 오늘날도 의학은 영성을 무시하고 있다. 그러므로 의미요법을 이해하려면 인간의 영성이 의미하는 바가 무엇인지 아는 것이 중요하다. 영성은 단순히 종교적인 뜻에 제한하는 것만은 아니다.

모든 사람은 영적 차원을 가지고 있다. 유대교 전통에 따르는 사람이나 동양 종교를 믿는 사람뿐 아니라 무신론자, 불가지론자, 인본주의자들도 영성을 가지고 있다. 종교적인 의미를 탈피하기 위하여 프랭클은 인간의 영성을 '영적(nöetic)' 차원이라 부른다. 이 용어는 그리스어 noös(영) 혹은 mind(마음)로부터 유래한 것이다. 프랭클은 인간적인 모든 것을 포함하기 위하여 이 용어를 사용했다.

프랭클의 영적 차원 즉 영성은 의미에의 의지, 목표 설정, 사상과 이상, 독창성, 상상, 믿음, 육체를 넘어선 사랑, 초자아를 넘어선 양심, 자기초월, 약속, 책임, 유머 감각, 선택의 자유 같은 자질을 포함하고 있다. 이러한 인간적 차원은 의미

상담사들의 약상자이다. 그들은 내담자가 이렇게 건강한 자원을 가졌다는 것을 인식하게 해야 한다. 영적 차원은 신체적 혹은 심리적 질병에 의해 감금될 수도 있다. 그러므로 이 질병은 전통적 의료수단에 의해 치료가 된 이후에 의미요법이 적용이 되어야 한다.

2. 자유를 지닌 존재

프랭클은 어떤 환경이 한 개인에게 신체적으로든 심리적으로든 영향을 주느냐 못 주느냐, 그리고 그 방향이 어떤 방향으로 나아가느냐 하는 것은 그 개인의 자유 선택에 달려 있다고 하였다. 즉 그 상황이 자신을 결정하는 것이 아니라 자신이 상황에 굴복하느냐, 혹은 대항하느냐를 결정한다는 뜻이다. 인간은 결국 자기 자신으로부터 자기를 만들어 감으로써 인간이 되는 것이며, 어떠한 상황에서도 완전히 지배되지 않고 자기 자신을 형성해 나가고 있다고 보았다.

인간은 태어나면서부터 본능, 유전적 성향, 환경의 세 가지 조건의 제약을 받는다. 그러나 인간은 가장 나쁜 환경에서도 그 자신에게 초연해질 수 있는 자기분리라는 독특한 능력을 지니고 있다. 인간의 자유라고 하는 것은 인간이 처한 생물학적, 심리학적, 그리고 사회학적 상황으로부터의 해방을 말하는 것이 아니다. '인간의 자유'는 자신이 처한 그 상항에 대해 어떤 태도를 선택할 수 있는 자유를 말한다.

인간의 자유는 두 가지로 구분할 수 있다. 하나는 상황에 맞서는 자유이고, 다른 하나는 인간 의지로부터의 자유를 말한다. 전자는 인간이 처한 생물학적·사회학적 상황에 맞서는 자유를 말하고, 후자는 무엇인가로 향하는 자유를 말한다. 이것은 책임적 존재로서의 자유, 그리고 양심적 존재로서의 자유를 의미한다. 그러므로 인간은 자유의 차원으로 뛰어오를 때에 진정한 인간이 되는 것이다.

우리는 신체적 차원에서 감금되었다. 심리적 차원에서 우리는 쫓기고 있다. 그러나 영적 차원에서 우리는 자유롭다. 우리는 여기에 단순히 존재하는 것이 아니라 우리가 우리의 존재에 영향을 미칠 수 있다. '우리는 어떤 부류의 인간이 될 수 있는가'까지 결정할 수 있다. 영적 차원에서 우리는 선택권자이다. 신경증 환자들은 자신의 존재에 대해 "나는 이런 존재가 될 수밖에 없다"라고 오해하고 있다. 그러나 인간은 "나는 항상 변화할 수 있다"라는 태도를 가져야 한다.

3. 책임을 지는 존재

프랭클은 인간으로부터 책임성을 만들어 내는 것은 실존의 허무성 때문이라고 한다. 그는 허무성을 존재의 본질로 보고 있으며, 이 허무성을 죽음이 가지는 특성으로 설명하고 있다. 인간이 만일 죽지 않게 된다면 인간은 모든 것을 연기해 버리게 되며, 무슨 일이라도 지금 당장 수행할 필요가 없게 된다. 인간은 충동에 의해 움직여지는 때가 아니라 일에 대해 책임을 갖게 될 때 진정으로 존재하게 되며, 진정한 존재란 자기 자신을 결정하는 책임적 순간에 나타나는 것이지 충동으로 인해 나타나는 것은 아니라고 한다.

인간이 자신을 어떤 사람으로 만드는가에 대한 책임은 자신에게 있다. 따라서 인간은 자신과 자기 삶의 특유한 의미를 실현할 책임이 있다. 프랭클은 인간 실존의 본질을 설명하면서 책임의 의미를 '마치 두 번째 인생을 사는 것처럼 살면서 지금 하려는 행동이 첫 번째 할 때는 그릇되었다는 것을 깨달은 것처럼 행동하는 것'이라고 하였다. 인간이 이러한 상태로 자신을 대하게 된다면 시시각각 부과되는 책임을 즉시 깨닫게 된다. 건강한 사람은 이러한 책임의식을 갖고 있으므로 자신에게 주어진 과업이나 삶이 충만하도록 생활해 나가게 된다. 그리고 사회문제, 인간성의 문제, 인류의 문제, 양심의 문제 등 실존의 문제에 대한 책임을 다른 사람에게 돌리지 않고 자기 자신에게 있다고 응답한다.

4. 차원적 존재론

프랭클은 인간이 분리할 수 없는 길이, 높이, 넓이를 가진 것과 마찬가지로 신체적, 심리적, 그리고 영적 차원으로 구성되어 있다고 했다. 이것들은 분리할 수 없는 하나이다.

가령 원기둥과 같은 물체를 옆에서 손전등을 비추거나 위에서 비추면 두 개의 평면을 따라 두 가지 다른 음영을 투영한다. 하나는 둥근 모양이고, 다른 하나는 사각형 모형이다. 두 개의 음영은 분명히 상충하는 두 가지 이미지다. 만약 음영을 기준으로 원기둥의 특성을 예측하려고 하면 혼란스러울 수 있다. 원기둥 대신에 둥근 모양의 공으로 인식되거나 또는 사각형으로 착각할 수 있다(그림 2). 만약 공, 원기둥, 원뿔의 세 물체를 위에서 바닥으로 손전등을 비추는 경우를 보자. 그 결과로 나타나는 그림은 수평면 위에 세 개의 동일한 둥근 음영이 된다. 음영만으로 어떤 물체가 어떤 모양인지 추측할 수가 없다(그림 3).

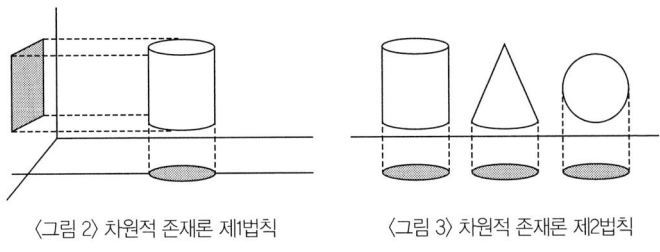

〈그림 2〉 차원적 존재론 제1법칙   〈그림 3〉 차원적 존재론 제2법칙

마찬가지로 그 사람의 신체적, 심리적 차원으로 사람을 보면 그를 제대로 볼 수 없다. 영적 차원을 보아야만 그 사람의 진정한 특징을 보게 된다. 만일 영적 차원을 무시하면 인간은 그림자, 풍자만화, 자동인형, 반응과 본능의 무력한 피해자, 욕망과 유전과 환경의 산물을 보게 되는 것이다. 만일 표도르 도스토옙스키나 버나데 슈비루같은 사람을 정신의학적 평

면에 투영해 본다면 도스토옙스키는 간질환자 이외에 아무것도 아니며 버나데 슈비루는 영상적인 환각을 일으킨 히스테리 환자에 지나지 않는다. 그들이 초월한 것을 정신의학적 평면에서는 볼 수 없다. 예술적 업적이나 참 만남은 정신의학의 단면을 넘어선다.

함께 생각합시다.

※ 자유와 운명 각 영역에 대한 당신의 생각은 무엇입니까?
※ 인간에 대한 3차원적인 관점(신체적, 심리적, 영적 차원)을 이해하는 것이 당신에게 필요한 이유는 무엇입니까?

제3장

의미에 의지하는 존재

의미에 의지하는 존재

모든 인간은 의미 추구에 대한 욕구와 갈망을 갖는다. 이것은 삶과 행동을 위한 주요 동기로 볼 수 있다. 이 동기는 쾌락과 권력의 의지보다 더 깊은 것이다. 삶에서 의미를 찾을 때 우리는 어떠한 고통이든 기꺼이 견딜 수 있다. 반대로 어떤 의미도 찾지 못하면 어떠한 행복한 삶도 공허하고 허무한 것처럼 보일 것이다. 인간은 '의미에 의지'하는 존재이기 때문이다.

1. 실존적 공허

오늘날 정신적 문제를 일으키고 있는 사람들은 내적인 공허 상태에 있는데 이들의 공통적인 특징은 인생을 가치있게 만들어 주는 인간 실존에 대한 궁극적인 의미의 결여나 상실을 경험하고 있다. 프랭클은 우리의 시대는 한편으로는 전통이 붕괴되고 가치가 상실되어 젊은 사람들에게 마땅히 해야 할 일을 제시하지 못하고 있다고 하였다. 그래서 어디로 가야 할지 올바른 방향이 없어졌기 때문에 사람들은 다른 사람들이 하는 것을 따라가는 동조주의로 가게 된다고 말했다. 또 다른 한편으로는 개인적인 의미 추구를 허용하지 않고 의미와 가치를 강요하고 있는 전체주의로 가게 된다고 하였다.

현대의 정신의학에서는 경제적인 괴로움이나 질병에 의한 괴로움보다는 실존적 공허감 때문에 고생하는 사람들이 많아졌다. 프랭클 박사의 조사에 의하면 유럽 학생들의 25%와 미국 학생들의 60%가 실존적 공허가 있다고 하였다. 또한 실존적 공허는 100명의 성공한 하버드 동창생의 조사에서도 만연되어 있었다. 즉, 그들의 1/4은 그들의 삶이 어떤 의미를 가졌는가에 대해 회의적이었다.

'실존적인 공허'를 느끼게 되면 이 공허감에서 벗어나기 위해서 사람들은 잘못된 해결책에 집착하는 경향을 보인다. 실존적 공허의 위험은 쾌락, 성공지향 활동 또는 일 중독, 권위에의 도전, 물건 저장 강박증, 약물사용, 과다행동 등과 같이 '의미에의 의지'를 억제함으로써 고통을 더 만들어내는 활동들을 한다. 실존적 공허를 채우려는 이러한 무익한 노력은 우울증, 중독, 공격성으로 이어질 수 있으며 프랭클은 이것을 '집단 신경증의 3인조'라고 불렀다. 또한 이 실존적 공허는 정서장애나 정신적 장애로 이어질 수 있다.

2. 실존적 좌절

프랭클에 의하면 프로이드의 시대에는 누구나 '성적 좌절'에 대해서 말했지만 오늘날에는 오히려 '실존적 좌절' 대해 말하고 있다. 그리고 아들러 이론에서는 누구나 '열등감 콤플렉스'에 대해 말하고 있지만 의미요법에서는 '무가치감'에 대해 말한다.

실존적 좌절은 우리를 괴롭게 만드는 감정을 말한다. 이것은 '의미에의 의지'의 좌절에서 비롯된다. 실존적 좌절은 삶의 의미 감각과의 관련성을 우리에게 경고하는 것이기 때문에, 질병의 신호가 아니라 오히려 인간성에 대한 문제라고 할 수 있다. 실존적 좌절이 되면 내적 공허감, 자신의 삶에 대한 허무감, 권태 등을 느끼게 된다.

좌절된 '의미에의 의지'는 목표의 상실, 전통적 규범이나 가치의 상실, 가치의 갈등, 혹은 진정으로 의미 있는 것을 행복이나 즐거움을 가져오는 것과 바꾸는 결과를 초래할 수 있다. 어떤 경우든 '의미에의 의지'가 쾌락에의 의지, 권력에의 의지, 혹은 성공으로 대체될 때 그 결과는 자기 파괴적이다. 그것은 마치 오스트레일리아의 원주민 사냥꾼이 부메랑을 던지고 그 목표를 맞추지 못하면, 부메랑은 다시 사냥꾼에게 돌아오는 것과 같다.

3. 영인성 신경증

삶의 의미를 의심하는 것은 신경증의 한 유형으로 나타나는데, 프랭클은 이것을 영인성 신경증이라고 하였다.

심인성 신경증은 과거에서 비롯된 것이며, 억압된 성욕, 어린 시절 외상, 다른 충동들 사이의 갈등, 혹은 원본능, 자아, 초자아 사이의 갈등으로 인해 초래된다. 영인성 신경증은 현재부터 시작된다. 그것은 영적인 차원에서 비롯되는데 가치충돌, 양심의 갈등에 의해 시작되며, 궁극적인 삶의 의미를 찾고 인식하지 못함으로써 생기게 된다. 영인성 신경증의 주요 증상은 낙담, 절망, 우울증 같은 것이다. 이러한 증상은 다른 우울증 증세와 매우 유사하다. 그렇지 않으면 영인성 신경증은 내인성 우울증과 겹쳐지거나 숨겨질 수 있다. 따라서 영인성 신경증의 진단은 항상 신중한 진단 평가를 요구한다. 영인성 신경증의 경우에 인간의 영성은 병이 아니다. 오히려 영적 차원에서 고통을 겪으면 심리적 증상이 생겨 신체적 고통과 관련될 수 있다. 신경증의 주요 증상은 불안이다.

크룸바흐와 매홀릭는 누군가 의미를 찾을 수 있는 정도를 측정하기 위해 '인생목적 검사(Purpose in Life Test)'와 '영적 목표 추구 검사(Seeking of Nöetic Goals Tests)'를 개발하였다. 영인성 신경증의 증상을 연구한 이 연구자들은 영인성 신경증은 다른 형태의 신경증과는 달리 고전적 정신분석 치료에 반응하지 않는다고 지적했다. PIL은 실제 의미를 측정하는 반면, SONG는 의미에 대한 방향을 측정한다. PIL에서 낮은 점수와 SONG에서 높은 점수는 의미요법의 좋은 지표가 될 것이다.

영인성 신경증의 증상은 환자의 현재와 미래에 주의를 기울이는 치료법으로 가장 잘 치료될 수 있다. 그리고 환자에게 약속을 충실하게 지키고, 관계를 형성하며, 삶을 충만하게 살기 위한 자원을 얻는 데 도움이 된다.

4. 의미에의 의지

인간 행동의 가장 중요한 그리고 가장 기본적인 동기는 자기 삶의 의미를 찾으려고 하는 것이다. 프랑스에서 실시한 여론조사 결과 89%의 사람들이 삶을 위하여 '무엇인가 뜻있는 것'이 필요하다는 점을 인정한 것으로 나타났다. 더욱이 61%의 사람들은 그들의 삶에 '그 무엇인가', 또는 '그 누군가' 있었으며, 그것들을 위해서는 죽음 각오까지 되어 있다고 인정하였다. 또한 프랭클 박사는 비엔나에 있는 진료소에서 환자들과 의료진을 대상으로 같은 여론 조사를 시행하였는데 그 결과 프랑스에서 수천 명을 선발하여 실시한 것과 똑같았다고 하였다.

프랭클은 아우슈비츠의 강제수용소로 이송되었을 때 출판하려고 준비했던 원고를 몰수당하고 말았다. 그런데 이 원고를 다시 써야겠다는 강렬한 열망이 수용소의 혹독한 환경에서 살아남을 수 있도록 도와주었다. 예컨대, 그 원고를 다시 쓸 수 있게 하려고 조그만 종잇조각에 메모해두었다. 프랭클 박사는 바바리아에 있는 강제수용소의 어느 어두운 바라크 안에서 잃어버린 원고를 재편성하였다는 사실이 죽음의 위험을 극복하는 데 커다란 도움이 되었다고 고백하고 있다.

프랭클은 제리 롱 박사를 생생한 의미요법의 본보기로 생각했다. 제리 롱은 임상심리학자이자 프랭클의 오랜 친구였다. 그는 10대 시절 다이빙 사고 이후 목 아래로 마비가 왔다. 그는 미국에 있는 한 병원에서 재활한 후 퇴원하였다. 몇 년 후 처음 입원했던 병원을 다시 방문하여 간호사들에게 함께 입원했던 다른 환자들에게 무슨 일이 있었는지 물어보았다. 놀랍게도 자신과 같이 함께 회복실에 있던 환자 중에 제리 롱 자신이 지금까지 살아있는 유일한 생존자라는 것을 알게 되었다. 제리 롱처럼 거의 치명적인 사고를 당한 후에 회복 중이던 비슷한 상태에 있던 다른 환자들은 자살했다. 그들은 치명적인 약물을 복용하거나 때로는 간병인의 도움으로 삶을 마쳤다.

"저는 목이 부러졌지만 나 자신은 부러지지 않았습니다." 라는 말은 제리 롱이 병실에서 프랭클에게 쓴 것이다. 롱은 그가 고통을 어떻게 대처해 나갔는지 그리고 사고에서 어떻게 간신히 살아남았는지 공개적으로 말했다. 그는 자기 삶의 경험, 훈련, 그리고 일을 통해 심리학과 의미요법에 관한 몇 가지 과정을 가르쳤다.

롱의 삶은 '실패'로 쉽게 무시될 수 있는 것이었지만 그렇게 끝나지 않았다. 그는 '의미에의 의지'가 삶에 대한 근본적인 동기 부여가 될 수 있다는 것을 입증했다. 그리고 무의미성을 갖게 하는 조력자살을 반대했다. "과거는 우리의 영혼과 닿입니다. 시간이 그것을 씻어버리지 않게 하십시오. 그것은 현재와 연결된 우리의 다리입니다. 그것을 무시하고 허물어지지 않게 하십시오. 그리고 그것은 미래에 대한 우리의 이정표가 됩니다. 두려움이 그것을 찢어버리지 않게 하시오." 라고.

프랭클처럼 롱 박사는 단지 행복이나 성공, 혹은 권력을 추구하는 것은 항상 그 자체로 끝난다는 것을 가르쳤다. 행복, 성공, 권력 추구는 자멸적이어서 결코 도달할 수 없다. 행복을 추구하면 할수록 행복은 더 멀리 달아난다. 행복은 직접 얻을 수 없으므로 추구될 수 없다. 오히려 그것은 어떤 의미 있는 것을 경험하거나 성취하거나, 또는 용기 있는 태도로 자신의 운명을 마주했을 때 뒤따르는 것이다.

사람들이 의미 있는 것을 실현하려고 하는 대신에 직접 권력, 성공, 행복, 또는 통제력을 얻으려고 노력하는 정도는, 그들이 심한 신경증과 고통에 취약한 정도와 같다.

프랭클은 "만일 누군가의 목적이 행복하게 되는 것이라면, 그 목적은 결코 충족될 수 없습니다. 사람이 행복을 얻으려고 노력하는 순간, 그것에 닿지 못합니다. 그리고 사람이 행복에 대해 더 많이 생각하고(과다의도), 행복에 대해, 혹은 행복이 어느 정도인지에 대해 생각하면 할수록(과다반성), 행복은 사라집니다. 그것은 근심과 걱정만 남깁니다."라고 말했다.

또한 그는 "참으로 존재한다는 것은 더 높은 목적을 위해 자신을 비우는 것을 의미합니다. 사람은 그러한 일에 자신을 잃을 수 있을 때, 진정으로 자신을 찾을 수 있습니다. 실제로, 키에르케고르가 '행복의 문은 일방통행이다. 그것은 외부로 열린다'라고 말한 것은 옳았습니다."라고 하였다.

5. 세 가지 의지의 관계

'의미에의 의지'가 '쾌락에의 의지'와 '권력에의 의지'와의 관계를 보면, 의미(목적)를 추구하기 위해서 그 수단으로 권력(힘)이 필요하고, 그 성취의 결과 부산물로 쾌락(행복)이 온다는 것이다. 즉, 쾌락(행복)은 인간 노력의 목표가 아니라 하나의 결과, 즉 의미(목표)를 성취함으로써 생기는 부산물이라는 것이다. 그리고 권력(힘)은 그 자체가 목적이 아니라 목적에의 수단이라는 것이다. 그러므로 '의미에의 의지'가 가장 기본적인 동기라고 할 수 있다.

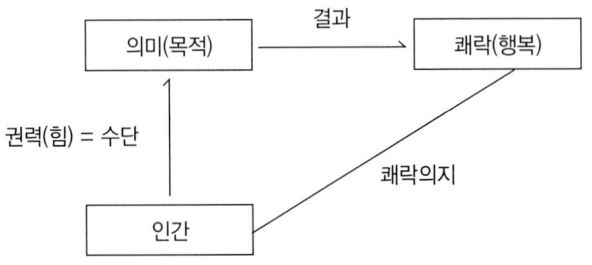

〈그림 4〉 의미에의 의지, 권력에의 의지, 쾌락에의 의지와의 관계

함께 생각합시다.

※ 영인성 신경증이 다른 형태의 신경증과 다른 점은 무엇입니까?
※ 쾌락에의 의지, 권력에의 의지, 의미에의 의지에서 가장 기본적인 동기는 무엇이고, 이 세 가지 의지의 관계는 어떻습니까?

삶의 목적 검사(Purpose in Life Test)
- Curmbaugh & Maholick -

삶의 의미가 매우 적음   7점 척도   삶의 의미가 충만함

나는 평소 생활에서		
무기력하고 권태로움을 느낀다.	1 2 3 4 5 6 7	의욕적이고 힘이 넘침을 느낀다.
나는 삶이		
완전히 틀에 박힌 변화 없는 생활인 것 같다.	1 2 3 4 5 6 7	항상 재미있는 생활의 연속인 듯하다.
나는		
인생의 목표가 전혀 없다.	1 2 3 4 5 6 7	뚜렷한 인생의 목표를 가지고 있다.
나는 한 인간으로서		
인생의 목적도 없는 아주 무의미한 존재다.	1 2 3 4 5 6 7	인생의 의의와 목적을 지닌 아주 가치 있는 존재이다.
나는 하루 생활이		
아무런 변화도 없이 그저 똑같기만 하다.	1 2 3 4 5 6 7	항상 새로워짐을 느낀다.
나는		
내가 선택할 수 있었다면 이 세상에 태어나지 않았을 것이다.	1 2 3 4 5 6 7	지금과 같은 나의 인생을 아홉 번도 더 택하고 싶다.
나는 이 다음에 나이가 많아 직장을 그만두면		
아무것도 하지 않고 놀고 싶다.	1 2 3 4 5 6 7	내가 평소에 하고 싶었던 일을 하겠다.
나의 인생 목표 달성을 위하여		
나는 아직 아무것도 추진하지 못하고 있다.	1 2 3 4 5 6 7	나는 모든 것을 만족하게 추진하고 있다.
나의 생활은		
허무하고 절망에 가득 차 있다.	1 2 3 4 5 6 7	대단히 즐겁고 재미있는 일로 가득 차 있다.

오늘 내가 죽게 된다면 그동안 나의 인생이	
전혀 보잘것없는 것이었다고 생각한다.	1 2 3 4 5 6 7	대단히 보람 있었다고 생각한다.

나의 인생을 생각해 볼 때	
내가 왜 이 세상에 살고 있는가에 대해 자주 회의를 느낀다.	1 2 3 4 5 6 7	내가 왜 이 세상에 살고 있는지 그 이유를 항상 알고 있다.

삶과 관련지어 바라볼 때	
나는 도저히 이 세상을 이해할 수 없다.	1 2 3 4 5 6 7	이 세상은 나의 삶과 의미있게 조화를 잘 이룬다.

나는	
대단히 책임성이 약한 사람이다.	1 2 3 4 5 6 7	대단히 책임성이 강한 사람이다.

인간의 선택과 자유에 대해서 나는	
유전과 환경에 의해 자신의 운명이 결정되는 것일 뿐 선택의 자유가 전혀 없다고 생각한다.	1 2 3 4 5 6 7	인간 자신이 모든 인생에 절대적으로 선택의 자유를 가지고 있다고 생각한다.

죽음에 대해	
나는 각오도 되어 있지 않으며 무섭게 느껴진다.	1 2 3 4 5 6 7	나는 각오도 되어 있고 두렵지도 않다.

나는	
자살이란 문제해결의 한 방법이라고 심각하게 생각한다.	1 2 3 4 5 6 7	자살에 관해서 두 번 다시 생각해 본 일이 없다.

나는 자신의 인생의 의의 내지는 목적을 발견할 수 있는 능력을	
전혀 가지고 있지 못하다.	1 2 3 4 5 6 7	충분히 가지고 있다.

나의 인생은	
나 자신의 손에 달려 있지 않고 외부의 요인들에 의해 조정되는 것이다.	1 2 3 4 5 6 7	나 자신의 손에 달린 것으로 내가 조정하는 것이다.

매일 매일 할 일을 대할 때마다	
나는 괴로움과 싫증을 느낀다.	1 2 3 4 5 6 7	나는 즐거움과 만족을 느낀다.

나는	
인생의 어떠한 사명감도 발견하지 못한 처지이다.	1 2 3 4 5 6 7	뚜렷하고 만족스러운 인생의 목적을 발견한다.

해석
- **점수분포** : 최저점수 20점 – 최고점수 140점
- **기준점수** : 100점
- **92점 미만** : 삶의 의미를 상실하고 공허 속에서 정체성 상실을 경험하고 있는 상태
- **92-112점** : 인생의 목표가 불확실한 상태
- **112점 이상** : 매우 건강하고 인생의 목표가 뚜렷하고 목표에 대한 성취욕구가 강하며 현재의 삶이 의미로 충만한 상태

제4장

의미의 두 가지 차원

의미의 두 가지 차원

삶은 어떠한 상황에서든 의미가 있다. 우리는 '의미에의 의지'를 가졌고, 우리가 의미를 충족시키고 있을 때만이 행복할 수 있다. 우리는 명백하게 제한된 상황에서도 우리 삶의 의미를 충족시킬 수 있는 자유를 가졌다. 이것은 종교적 신념과 관계없이 누구에게나 받아들여질 수 있다는 것이 밝혀졌다. 삶의 의미는 두 가지 차원에서 살펴볼 수 있는데 하나는 궁극적 의미이고 다른 하나는 순간적 의미이다.

1. 궁극적 의미

궁극적인 의미는 어떤 한 질서를 전제 조건으로 한다. 그것은 우주의 장대한 질서라고 할 수 있다. 그 질서는 하느님이나 인생 혹은 자연으로 불릴 수 있고 혹은 널리 받아들여지고 있는 에코시스템(ecosystem)으로 불릴 수 있다. 우리는 우주적 질서 속에 각자의 위치가 있다. 그 질서 속에서 우리는 극히 미미하더라도 한 개인으로서 어떤 일부분을 가지게 된다. 프랭클이 궁극적 의미로 이해했던 이 장대한 질서는 우리가 증명하거나 발견할 수 없다. 우리는 단지 우리의 능력을 최고로 발휘하여 의미를 추구할 뿐이다.

뿌린 대로 거두는 우주의 질서

나무 잎새 하나,
구르는 돌멩이 하나에도
내가 알지 못하는 원인이,
자연의 질서가 스며들어 있습니다.

다만 우리의 머리로 알아낼 수 없을 뿐,
모든 것에는 이유가 있습니다.
그래서 오늘도 최선을 다해 열심히 살아갑니다.
감사한 마음으로 세상을 보고
풍요와 행복을 가져다주는
행(行)의 씨앗을 뿌립니다.

의미의 추구는 우리의 본체, 목적, 방향, 그리고 과제에 관한 질문들을 하게 한다. '나는 누구인가? 나의 목적은 무엇인가? 나는 무엇을 해야 하는가? 나는 지금 어디로 가는가?'라는 질문에 대답하는 것이다.

프랭클은 우리가 모르고 있다 하더라도 인간은 항상 의미를 향하고 있다고 주장한다. 그는 자신의 독일어 논문에서 "의미의 선견지명 같은 어떤 것이 존재한다. 그리고 의미에 관한 예감은 또한 의미요법에서 '의미에의 의지'라고 불리는 것의 근거이다. 우리가 공기를 마시며 살아있는 동안엔 우리가 원하든 원하지 않든 간에 의미를 믿는다. 자살하는 사람조차도 의미를 믿는데 만일 삶이 계속되지 않으면 죽으리라는 것을 믿고 있다. 만일 그가 이제는 어떤 의미도 전혀 믿으려 하지 않았다면 그는 손가락 하나 움직일 수 없게 되고 따라서 자살할 수 없다."라고 쓰고 있다.

엘리자베스 퀴블러 로스는 죽어가는 사람에 관한 그녀의 연구에서 다음과 같은 사실을 입증하였다. "죽음이 가까워진 무신론자들조차도 그들의 무신론적 견해로서는 도저히 설명될 수 없으나 그들의 무신론적 합리화를 넘어선 궁극적 의미에 대한 신뢰로서만 설명될 수 있는 이상한 평온과 안정감을 보인다."라고 하였다. 인간은 인간의 존재보다 더 위대한 어떤 것이 존재한다는 확신을 가지고 있는 것이다.

2. 순간적 의미

순간적 의미는 주어진 순간에 그 사람의 삶에 있어서 특별한 의미를 말한다. 우리는 태어나면서부터 죽을 때까지 독특한 삶의 상황이 이어지는 끈을 따라가는 유일한 개체이다. 모든 상황, 재현할 수 없는 모든 순간, 그것들은 우리에게 아주 특별한 의미 잠재력을 제공한다. 이런 의미를 제공하는 순간들에 반응해 나가는 것은 의미심장한 삶으로 이끈다.

인간은 반복되지 않는 순간순간의 시간을 각자 살고 있으며 그 순간순간마다 반응하게 되고 인식하게 되는 독특한 의미를 갖게 된다. 상황 대부분에서 순간적인 의미는 그다지 특별한 것이 아니다. 예를 들어, 아침에 일어나는 것, 아침 식사를 하는 것, 그리고 안전하게 운전하는 것 등이 그렇다. 그러나 어떤 순간은 민감하다. 친구를 돕는 것, 다른 사람의 이야기를 듣는 것, 약속을 하는 것 등은 매우 민감한 순간이다. 때때로 우리는 갈등을 일으키는 선택에 직면하게 된다. 집에서 혼자 조용히 식사를 즐길 것인가 혹은 친구를 만나러 갈 것인가, 가족과 야외로 나갈 것인가 혹은 정원 울타리를 고칠 것인가 등 갈등하기도 한다. 때때로 우리는 필연적인 결정의 순간을 맞이한다. 결혼하는 것, 아기를 갖는 것, 인생의 행로를 결정하는 것, 그리고 은퇴하는 것 등 인생의 중요한 순간을 결정해야 하기도 한다.

이처럼 살아가며 마주치는 모든 상황마다 인간에게 도전이 되고 그에게 풀어야 할 문제를 선사하기 때문에 삶의 의미에 관한 질문은 이미 예정된 것인지도 모른다. 그러므로 우리는 '삶의 의미가 무엇이냐' 물어서는 안 되고 바로 우리 자신이 삶으로부터 질문을 받는 것임을 알아야 한다. 인간은 자기 자신의 삶에 쓸모 있는 사람이 됨으로써 삶에 대답할 수 있을 뿐이고, 삶에 책임을 짐으로써만 대답할 수 있다.

3. 의미의 요구조건

궁극적 의미와 순간적 의미는 우리에게 둘 다를 찾도록 요구하고 있다. 의미요법은 우리가 추구하는 목표에 항상 도달할 것으로 본다. 인간 존재는 항상 자신을 초월한 어떤 것에 향해 있다. 자기초월에서 의미를 발견하려는 노력은 오랫동안 종교적 요구로 여겨왔고, 종종 종교적 교리에 얽매어 왔다. 그러나 종교적 정통파나 자유주의, 인도주의, 무신론 할 것 없이 의미를 발견하는 데 자유롭고 의미발견의 책임을 지고 있으며 아무도 그들을 위해 대신해 줄 수 없다.

우리 인생의 독특한 의미를 추구해 나가는 것은 우리를 독특한 인격체로 만든다. 그것은 우리가 어떤 특정 종교나 종파에 속해 있기 때문이 아니라 우리가 바로 인간이기 때문이다.

프랭클은 예수와 동시대 사람인 힐렐(Hillel)의 명구를 인용하고 있다.

"내가 그것을 믿지 않는다면 누가 할까? 내가 지금하지 않는다면 언제 할까? "내가 나만을 위해 한다면 나는 무엇을 하는 사람인가?"

그는 첫 번째 부분에서 '나는 대치할 수 없는 사람이다'라는 것을 이야기했고, 두 번째에서 '각 순간은 재현할 수 없다' 라는 것, 세 번째는 '만일 내가 그것을 오직 나만을 위해 한다면 나는 나의 인간적 본질에 진실하지 않다'라는 것을 믿고 있다.

캘리포니아에 있는 브랜데이스 연구소장 솔로몬 바르딘은 우리를 '인생의 수탁인들'이라고 불렀다. 그는 "우리는 우리에게 맡겨진 일을 할 수 있는 한 최선을 다할, 우리의 잠재력을 개발하여 우리 인생을 최선의 것으로 만들어야 할, 위대한 기회로써 이용할, 그러한 것들에 대한 의무가 있다"라고 하였다. 독일의 위대한 시인 프리드리히 헵벨은 '인생이란 어떤 것을 위한 기회 이외엔 아무것도 아니다.'라고 했다.

4. 실제적 접근

의미 추구는 순간의 상황에 대응하면서 생의 단순한 임무를 받아들이는 평범한 일상에서 시작된다. 프랭클은 비엔나의 폴리클리닉 병원을 찾아온 파브리 박사와 대화 중 다음과 같이 말했다. "당신에게 지금 이 상황의 의미는 질문하는 일입니다. 그러나 내게는 대답을 해 주는 것입니다. 간호사에게는 손님들을 밖에 있게 하고 걸려오는 전화를 받으면서 우리 면담이 방해되지 않도록 하는 것입니다. 그리고 지금부터 한 시간 이후에는 나는 환자를 돌보는 것이고, 당신은 비엔나를 관광하는 것이고, 내 간호사에게는 환자를 위해 계속 책임을 다하는 것입니다."

파브리 박사는 자신이 인도한 과학자들을 위한 샌프란시스코 지역 세미나에서 의미 문제에 대한 실제적 접근을 이야기하였다. 한 과학자는 프랭클의 방법이 과학적인 방법이라며 다음과 같이 말했다. "그는 삶의 의미가 있다는 가설을 말하고 나서 환자들에게 램프를 가지고 어둠으로 들어가도록 격려해 주었다. 그는 오직 매우 작은 빛의 반경만큼만 주위를 볼 수 있을 것이다. 그리고 프랭클은 환자가 불을 더 높이 들고 그의 주위가 보이게 되는 대로 한 번에 한 걸음씩 앞으로 나아가면 된다고 말한다. 이런 방법으로 마침내 그는 자기의 길을 발견하게 될 것이다."

의미요법의 임무는 빛을 비춰주고 의미가 '앞에서 비추도록' 하는 것이다. 그러나 그 순간의 단순한 의미 뒤에는 더 큰 임무가 놓여있다. 상황에 따라 즉각적인 임무를 넘어선 큰 임무가 있게 된다. 즉, 지금은 간호사의 임무는 의사를 돕는 것이다. 그러나 그 사람 다음에는 보편적인 임무 이상의 것들이 남아 있다. 예를 들면 간호사에게는 필요에 부응하고 우리 시대의 질병을 치료하는 것, 진실한 전달자가 되는 것, 양심적인 간호사가 되는 것이다. 아무튼 사람은 첫발부터 시작해야 한다. 위대한 의사라는 것도 가까이 있는 개개인의 환자에게 그리고 특별한 순간에 세심한 주의를 기울이지 않고는 될 수 없다.

광적인 알프스 등산가였던 프랭클은 기본적인 바위타는 기술을 가지고 한발 한발씩 접근해 가는 것을 의미의 세계를 발견하는 데 비유한다. 즉 가장 험한 절벽에서 앞에 있는 어려움이나 심연의 밑바닥을 걱정하지 말고, 즉각적인 임무에 집중하고, 그 다음 손에 꽉 쥐고, 그리고는 발끝 디딜 홈에 집중하라고 말한다.

함께 생각합시다.

※ 현재 나의 궁극적 의미와 순간적 의미는 무엇입니까?
※ '우리는 인생의 수탁인(受託人)들'이라는 말의 뜻은 무엇입니까?

제5장

의미를 찾는 방법

의미를 찾는 방법

프랭클은 어떤 의미에 대해 '처방'을 내리는 것을 금하고 있다. 그러나 내담자가 의미를 찾을 수 있는 세 가지 영역을 보여줌으로써 그들을 도왔다. 그것은 창조적 가치, 경험적 가치, 태도적 가치이다. 창조적 가치는 어떤 일이나 임무에 열중하거나 취미 활동 등을 통해서 의미를 찾는 것이고, 경험적 가치는 예술작품을 감상하고 자연을 체험하며, 다른 사람들과의 만남을 통해서 의미를 찾는 것이다. 그리고 태도적 가치는 아무리 절망적인 상황에서도 이를 극복하겠다는 자유의지를 말하며, 이것은 우리에게서 빼앗을 수 없는 내적 자유를 말한다.

1. 창조적 가치

오늘날 우리에게 일에서 의미를 찾는 것이 점점 어려워지고 있다. 창조적 가치의 실현은 개개인에게 있어서 독특하고 구체적인 과업에 대처하고 또 그것에 대한 사명을 자각할 때 생기는 것이다. 그것은 우리가 현재 가지고 있는 직업적인 과업일 수 있고, 시간과 노력을 들일만 한 가치가 있다고 믿는 어떤 취미일 수도 있다. 일반적으로 그런 것들이 무엇이든 인류에게 어떻게 이바지하고, 자기 자신을 사람답게 하는 값진 것을 생산할 수 있으면 그 일에서 의미를 발견할 수 있다. 예를 들면 가정주부가 집을 가꾸고 가족들을 잘 돌보고 음식을 정성스럽게 만드는 일에 의미와 가치를 부여하면 그것이 바로 창조적인 가치이다.

한 환자가 프랭클에게 "선생님, 선생님은 정신과 의사시니까 선생님의 직업에서 의미를 찾기가 쉬울 거예요. 그렇지만 목수인 나의 직업에선 무슨 의미를 찾을 수 있죠?"라고 물었다. 이때 프랭클은 "중요한 것은 '당신 행동의 반경이 얼마나 크냐'가 아니라 '당신이 얼마나 그 범주 내에서 충실한가'에 있습니다."라고 대답했다. 즉, 자기 능력의 한도 내에서 임무를 완수하는 목수는 자기 직업에 최선을 다하여 의사만큼 많은 의미를 발견할 수 있고, 또한 공무원의 노력은 예술가의 노력만큼 의미심장한 것이 될 수 있다. 문제는 일의 종류가 아니고 그 일에 임하는 동기이다. 예술가의 주요 목표가 자기 재능에도 미치지 못하는 직업으로 돈을 벌려는 데 있다면, 필요한 물건을 적당한 가격으로 파는 판매인보다 더 큰 의미를 찾지 못할 것이다.

한 번은 화실에서 자살하려고 마음먹은 어느 화가가 독가스를 틀었던 바로 그 순간에 그림에서 수정해야 할 부분을 우연히 발견하였다. 그는 자기의 손에서 마무리를 기다리고 있는 일을 보자 자살하려는 생각을 다 잊어버리고 그림을 완성하러 갔다는 일화가 있다. 비엔나의 정신병학 교수인 조셉 베르제는 96세나 되었는데 "책상 위에 항상 읽히기를 기다리고 있는 책이 있어서 너무 바빠서 죽을 수 없었다"고 고백하기도 했다. 80세의 보스톤의 뇌 외과의사인 하비 쿠싱은 '사람을 지탱하기 위한 유일한 방법은 완성해야 할 과업을 항상 갖는 것'이라고 이야기했다.

정말 자신이 몰두할 창조적 임무를 발견하지 못할 것 같은 사람들은 무의미하고 안일한 사람들이고, 방관자적인 구경꾼이며, 단순한 어부로 머무는 사람들이다. 그러므로 그들에게 창조적 가치를 인식시키고 생의 임무를 수행할 책임을 받아들이게 하려면 도전을 할 필요성이 있다. 개인적인 실패를 반격하지 않고 용납하며, 다음으로 그 생의 임무에 도전하도록 해야 한다.

그러나 때로는 최선을 다했지만 자기 일에서 의미를 발견하기 어려울 때가 있다. 직업 갈등은 당사자뿐 아니라 가족들의 문제이기도 해서 새로운 길을 선택하거나 혹은 새로운 도전을 포기해야 하는가를 선택해야 한다. 예를 들어, 35세의 전 공구 제작자는 "나는 공구 제작자가 되기로 했던 18세의 소년을 미워해요. 내가 실패자였다는 것은 아니에요. 나는 많은 돈도 벌었어요. 그리고 내가 만일 결혼하고 아이도 두었더라면 나는 아마도 내 가족들을 위해 공구 제작자로 머물러 있을 겁니다. 그러나 나는 교사가 되기를 원하고 있다는 것을 많이 느꼈어요. 그래서 나는 내 직업을 버리고 대학으로 갔지요."라고 말했다. 42세의 결혼한 생화학자는 세 아이의 엄마인데 종신 교수직을 포기하고 신학교에 들어가서 목사가 되고 나중에 빈민가에 교회를 세우고자 하였다. 이러한 예를 볼 때 우리는 새롭고 의미 있는 선택을 할 수 있다는 사실을 증명할 수 있다.

2. 경험적 가치

경험적 가치의 실현은 자신이 직접 창조해내지는 않지만, 타인이 창조한 것을 경험함으로써 가치를 느끼는 것을 말한다. 만일 우리가 좋아하는 심포니의 완벽한 연주를 듣고 있는 동안 어떤 사람이 삶의 의미가 있느냐고 물어본다면 질문의 대답에는 의심할 여지가 없다.

자연 애호가에 있어서 산에 대한 것, 신앙심이 깊은 사람에게 잊지 못할 예배에 관한 것, 지적인 사람에게 감동적인 강연에 대한 것, 예술가에게 걸작에 대한 것, 과학자에게 발견의 순간에 대한 것 등은 삶의 의미를 갖게 한다. 이런 것들은 절정경험이라고 한다. "한순간이 전체 인생을 소급하여 의미로 넘치게 할 수 있다."라고 프랭클은 말하고 있다. 그는 강제수용소에서 불현듯이 바라본 황혼이 그에게 의미했던 것은 아름다움의 경험이었다고 술회하고 있다. 프랭클이 상담했던 61세의 장식 미술가는 계속되는 신경증으로 자신이 좋아하는 일을 계속할 수 없게 되었다. 프랭클은 "나도 모르는 사이에 창조적 가치에 이제는 접근할 수 없었으므로 경험적 가치에 초점을 두었다. 나는 그의 과거 전문적인 성공, 현재 그의 가치있는 예술적인 경험들, 그의 좋은 결혼생활에 감사하게 하려고 노력했다."라고 하였다. 그림을 그리는 데 이제는 진전이 없더라도 그의 삶에는 어떤 의미가 있다는 것을 미술가에게 확신하도록 하였다.

가장 위대한 경험은 성숙한 사랑이다. 사랑은 다른 사람 본질의 가장 깊은 면을 파악하는 유일한 방식이다. 한 사람을 사랑하지 않으면 그 사람의 본질을 완전히 이해할 수 없다. 그리고 사랑을 통해서 사랑하는 사람의 아직 실현되지는 않았지만, 실현되어야 할 가능성도 볼 수 있다. 그러므로 사랑을 하는 사람은 그 사랑에 의해서 사랑하는 사람의 잠재능력을 실현하는 것을 도와준다. 그가 할 수 있는 일, 그가 되어야 할 바를 깨닫게 함으로써 이 잠재능력을 실현하게 하는 것이다.

우리의 사랑을 통해서 다른 사람이 자신의 잠재능력을 실현해 나가는 것을 체험하는 것은 우리의 삶이 의미가 있다고 느끼게 하는 데 매우 중요한 요소이다. 이 점은 어린아이를 키우면서 온갖 괴로움을 즐거움으로 기꺼이 감내해가는 어머니의 모습에서 쉽게 이해할 수 있을 것이다.

사랑은 지구상 78억 인구 가운데 어떤 사람이 우리를 선택해서 '다른 누구도 아닌 오직 당신'이라고 말하면서 우리에게 다가오는 바로 그것을 의미한다. 사랑은 완전한 행위로의 의미요법이다. 사랑하는 사람은 우리 안에서 현재의 자신을 볼 뿐만 아니라 우리 앞에 열려있는 많은 잠재력을 보는 것이다.

3. 태도적 가치

인간은 극한 상황에 처하여 창조도 경험도 하기 힘든 경우라도 태도적 가치를 통해 삶의 의미를 부여한다. 비록 극단적인 절망적인 상황(죽음, 고통, 죄)에 처한다하더라도 그 운명을 어떻게 맞느냐 하는 태도는 인간의 자유의지에 의하여 선택할 수 있기 때문이다. 즉, 우리는 그 운명적인 상황을 품위와 용기로 맞이할 수 있고, 반대로 절망과 분노의 태도로 맞이할 수도 있다. 고통은 희생처럼 그 의미를 발견하는 순간에 고통이 되기를 멈추게 된다.

프랭클은 유대인 포로수용소에서 이 태도적 가치를 견지함으로써 자기 삶의 의미를 부여할 수 있었고, 3년간의 고통을 이겨낼 수 있었다. 의미요법에 의하면, 사람의 주요 관심사는 쾌락을 얻거나 고통을 피하는 것이 아니라, 자기 삶의 의미를 깨닫는 것이다. 사람은 자신의 고통이 의미가 있다는 확실한 조건에서는 기꺼이 그 고통을 감수하게 된다. 용감히 고통을 겪음으로써 사람은 최후의 순간까지 의미를 갖는 것이며, 또 최후까지 이 의미를 지니게 된다. 그러므로 삶의 의미는 무제한적이다. 삶의 의미는 고난의 가능한 의미까지도 포함하기 때문이다.

불치병 환자인 암 환자가 태도적 가치를 깨닫고 그 종말을 긍정적인 태도로 수용한다면 그는 지나온 삶을 음미하고 그것에게 감사할 수 있을 뿐 아니라 곧 죽을 수밖에 없기 때문이 아니라 살 수 있는 시간이 너무 짧아서 그것이 소중하여 남은 시간을 보다 의미있게 보낼 수 있을 것이다.

프랭클은 수용소에서의 자신의 경험을 다음과 같이 말하고 있다. "얼마 안 가서 꼭 죽을 것만 같이 느꼈다고 나는 기억하고 있다. 그러나 이런 위기 가운데서도 나의 관심사는 다른 대부분 동료와는 달랐다. 그들의 의문은 우리는 여기서 살아나갈 수 있을까? 살아나가지 못하면 이 모든 고생이 무의미하다는 것이었다. 나의 의문은 이 모든 고통, 주위에서 무참히 죽어가는 사람들, 이것은 의미를 지니는 것인가? 만일 아무런 의미가 없다면 살아남을 궁극적 의미가 없기 때문이다. 도망갈 수 있느냐 없느냐와 같은 우연한 사건에 그 의미가 달린 사람이란 궁극적으로 살 가치가 전혀 없기 때문이다."

함께 생각합시다.

※ 창조적 가치, 경험적 가치, 태도적 가치를 실생활에서 어떻게 실천하고 있는지 나누어 봅시다.

※ 절망적인 상황(죽음, 고통, 죄)에 대한 나의 태도는 자유의지와 어떤 관련이 있습니까?

제6장

의미요법의 일반과정

의미요법의 일반과정

의미요법의 과정은 대화와 만남의 과정이다. 이는 상담 개입의 핵심이며 단계와 단계 사이를 이어준다. 이 과정은 초기 대화, 중간 대화, 종결 대화, 추수 대화로 이어진다.

1. 초기 대화

초기 대화는 일반적으로 내담자의 병력, 즉 이력과 제시된 문제의 선행사건, 그것이 발생했던 상황을 기록하면서 시작한다. 초기 대화의 목적은 내담자의 신체적, 정서적, 사회적, 문화적, 영적 배경과 현재 상황 및 기대를 이해하는 것이다. 대부분의 상담사는 구조화된 질문을 하는 경향이 있다.

질문은 상황을 더 자세히 이해하는 데 필요하지만, 이 단계에서는 모든 질문을 할 필요는 없다. 질문의 목적은 상담사가 내담자에 대한 초기 이해를 돕는 것이며, 상담사와 내담자 사이에 의미 중심의 상담 관계 형성과 친숙해지는 기반을 마련하는 것이다.

초기 대화의 목표는 특정 내용에 대한 의사소통을 간소화하고, 이후에 이야기할 주요 화제나 주제를 확정하는 것이다. 이를 위해 내담자가 충분히 생각할 시간을 주고 자기 자신을 표현하게 하며, 대화를 제한하는 것, 즉 대화를 조절하는 것이 필요하다.

상담사의 목표는 내담자가 말한 문제를 정직하고 진실하게 이해하려고 노력하는 것이다. 결국 상담사는 그 내용을 명료하게 하고, "나는 ~이 이해가 된다." "나는 ~이 잘 이해가 되지 않는다."라고 요약해 주어야 한다. 따라서 첫 번째 목표는 해석하거나 인식을 변화시키는 것이 아니라 현실 속에 있는 내담자를 이해하는 것이다.

상담사의 주된 과업은 경청하는 것이다. 상담사가 전적으로 해야 할 일은 자원, 기대, 관계, 강점을 암시하는 대화에 관심을 가지는 것이다. 상담사는 대화에서 바로 이러한 사실들에 특별한 주의를 기울여야 한다. 경청은 단지 이러한 고충들을 듣는 것뿐만 아니라 내담자가 무엇을 할 수 있는지, 무엇을 잘 할 수 있는지, 내담자의 관심사가 무엇인지에 주목하는 것이다. 또한 상담사는 대화에서 만족스러운 것, 아름다운 것, 건강한 것, 희망적인 것에 주목해야 한다.

상담사는 도덕화를 피해야 한다. 내담자의 이전 행동이나 환경에 대해 편견을 갖거나 비난하는 방식으로 질문하지 말아야 한다.

상담사는 정직하게 의사소통을 해야 한다. 또한 상담의 실제나 상담사 자기 삶의 경험에서 확신이 있는 것, 진심으로 믿고 있는 것에 대해서만 말해야 한다. 내담자는 상담사의 반응에 매우 민감하다. 상담사가 거짓말을 하는지, 내담자가 말하는 것을 진심으로 믿고 있는지를 아주 잘 탐지할 수 있으므로, 내담자는 상담사를 진심으로 받아들이지 않을 수 있다.

대화하는 동안 상담사는 내담자가 말한 것이 이익일지 불리할지, 즉 어떻게 예상하는지를 물어볼 수 있다. "당신이 정말 그렇게 말했나요?" "제가 당신을 잘 이해하고 있나요?"와 같은 질문을 한다. "당신이 변화할 기회가 있다는 것을 어떻게 알 수 있습니까?"라고 개방적인 질문, 미래지향적인 질문을 한다.

내담자의 내적 태도와 감정에 주의를 기울이는 것이 필요하다. 예를 들어, 증오감, 감사의 부족, 용서의 부족, 신경증적 자기 관찰에 주의를 기울여야 한다. 상담의 목표는 결과적으로 서서히 희망을 고취하고, 용서하도록 도우며, 감사의 마음을 갖게 하는 것이다. 그러나 이렇게 되기 위해서는 어느 정도 시간이 필요하다.

첫 번째 대화가 끝날 때까지의 목표는 문제를 갖고 살아가는 사람 안에 건강성이 있다는 것을 입증하는 것이다. 그것은 한 사람에게서 버릴 수 없는 것, 여전히 할 수 있는 가능성이 있다는 것과 공감적 이해를 전달하는 것이다.

내담자가 상담사에게 전달하는 언어와 마찬가지로 상담사가 내담자에게 되돌려주는 언어가 중요하기 때문에 언어의 역할이 중요하다. 그것은 내담자에게 더 큰 부담을 갖게 하거나, 이전에 가진 고통스러운 생각이나 도움이 되지 않는 신념을 강화하는 것보다는 오히려 은혜와 존엄성, 건강성의 그림을 보여주기 위해 언어를 사용하는 것이다.

2. 중간 대화

중간 대화는 치료 단계의 시작이다. 이 단계에서 상담사는 '핵심단어'에 주의를 기울인다. 내담자가 어떤 주제를 다루는지 확인한 후, 그 주제를 더욱 세부적으로 다루며 '어떻게 될 것인지?'에 대한 가능성을 물어본다.

중간 대화 또는 치료적 대화의 시작에서는 '응급처치'처럼 작은 제안을 하는 것이 일반적이다. 이렇게 하면 초기 문제의 사인을 알리는 데 도움이 되며, 남은 과제를 처리할 수 있도록 내담자의 마음을 평안하게 해준다. 그러나 주제가 시작되면 상담사는 그 주제에 집중해야 한다. 특정한 측면을 확인하고, 그에 초점을 맞추며, 내담자의 신체 언어에 주목한다. 특정 구절, 주요 개념, 단어, 진술문을 강조하며, 대화를 반복하여 더 나은 방법을 제시한다.

내담자의 저항이 있으면 상담사는 다른 방향에서 시작하고 초점을 전환해야 한다. 너무 많은 말로 내담자를 압도하는 것보다 처음에 몇 가지 핵심 요점을 말하는 것이 좋다. 그러나 그 이후의 상담 과정은 체계적이고 철저하게 진행해야 한다. 예를 들어, 용서라는 주제의 경우 상담사는 양면을 고려해야 한다. 이는 사실을 관점을 통해 보고, 관련된 사람들의 좋은 면과 나쁜 면을 살펴보며, 결정 사항을 검토해야 한다. 우리도 다른 사람처럼 실수한다는 것을 인식해야 한다.

만일 우리가 화해를 위한 첫발을 내딛으려면 솔직한 자기 평가와 강점과 약점을 인식하는 과정을 겪어야 한다. 또한 타인의 죄책감과 강점을 이해하고 인정할 수 있어야 한다. 이러한 과정에서는 화해를 추구할 때 자주 나타나는 '인지부조화'라고 불리는 방어적 태도가 나타난다. 지난 과거의 신념과 관행을 유지한 이유와 그에 대한 증거가 있겠지만, 새로운 관점을 수용할 준비가 될 때까지 기다려야 한다.

이어서 '전환점'에 도달하면, 새로운 결정을 내리기 위해 추가 정보를 활용할 준비가 된 시점이 된 것이다. 예를 들어, 다른 사람의 긍정적 및 부정적 행동, 그들의 강점과 약점을 고려한 후에 "누구도 정말로 악마의 화신이 아니다."라는 사실을 깨닫게 되는 시점일 수 있다. 이는 태도와 내적 관점의 변화를 나타내는 중요한 순간이다.

그다음에는 상황의 발견과 평가에 관한 주요 지점을 반복하며, 확인된 내용을 요약하고 새로운 관점을 찾기 위한 준비를 재확인하는 단계이다. 우리는 다른 사람의 과거를 고려할 수 있으며 사건을 둘러싼 환경도 고려할 수 있다. 우리는 다른 사람의 심판자가 아니며 우리 자신의 반응을 선택할 수 있고, 미래 가능성과 행동 계획을 고려하여 원하는 결과를 평가할 수 있다. 또한 내담자의 개인적인 의미에 따라 우선순위를 매기며, 구체적인 의미요법 기법(역설적 의도, 반성제거, 태도수정, 이야기 의미요법 등)을 활용할 수 있다.

마지막으로, 중간 대화나 치료적 대화 과정에서는 문제에 접근하는 의미 있는 방식과 무의미한 방식 사이의 내부 대화가 중요하다. 치료 기술은 이 내부 대화를 분석하고 어디에서 막히고 있는지, 불일치가 있는지를 파악하여 도움을 줄 수 있도록 한다. 이를 통해 문제에 접근하는 방법을 돕는다. 이 '아픈 곳'은 핵심단어나 개념으로 나타나며 구체화된다.

예를 들어, 누군가가 성장하기를 원하지만 나아갈 방향에 대해 확신이 없다면, 우리는 그에게 "이 상황에서 아이에게 무엇이라고 말하려 하십니까?"라고 질문할 수 있다. 우리는 아이와 성인을 대비하면서, 현재 '성장하고자 하는 자기'와 미래 '성숙한 자기'와의 가상의 귀납적-연역적 연결성을 만든다. 성숙한 성인이 어린아이에게 이야기하는 것은 덜 두렵다. 그러나 반대로 그것은 "어린아이와 함께 있을 때와 똑같이 스스로 지혜롭게 행동하시오."라는 조언을 할 수 있다.

의미요법의 방법은 종종 무엇이 의미인지를 분간하기 위해 대조 혹은 역설을 사용한다. 예를 들어, 대화와 기법들을 통해 상담사들은 존재하는 것과 존재할 수 있는 것, 불가능한 것과 달성할 수 있는 것, 건강한 것과 아픈 것 사이의 간격을 사용한다.

가치 갈등을 결정할 때 혹은 어떤 취할 방향을 결정할 때 자신의 양심은 그 길을 보여준다. 그러나 내담자와 상담사 관계는 보살피는 마음과 신뢰감을 주는 맥락에서만 할 수 있는 내면의 대화를 말로 표현하는 것이 중요하다. 대화의 목적은 가능성을 말하는 것이며, 관련된 모든 사람에게 가장 유익한 결과를 확인하는 것이다. 이것은 결과적으로 의미를 찾기 위해 자기 신뢰감을 회복하게 한다.

또 다른 요점은, 비교하는 것은 자기 자신을 최고로 만들어 준다는 것이다. 즉, 당신 자신을 오직 당신 자신과 비교한다. 당신이 이미 가지고 있는 강점과 잠재력이 얼마나 많은지를 비교한다(다른 사람과는 달리, 당신의 독특한 상황에서의 당신).

도덕적으로 혹은 윤리적으로 의심스러운 결정에 직면하는 것은 상담사들에게 쉽지 않다. 이 경우에 직접적인 주의가 필요한 시점(예, 자살생각, 상담사가 윤리적으로 자신의 신념을 말해야 할 필요가 있는 경우, 그런 이유로 행동해야 하는 경우)이 아니면, 직접적으로 내담자의 의심스러운 결정에 도전하지 말도록 한다. 어떠한 경우라도 생각할 시간이 있다면 상담사는 강점과 독특한 재능에 주의를 기울일 수 있고, 내담자가 자유롭게 책임을 수행하도록 그들의 판단력에 호소할 수 있다.

불안 신경증의 사례에서 상담사가 첫 번째 발견해야 하는 것은 건강치 못한 태도(가령, 자기중심성)와 관련될 수 있다는 점이다. 만약 설명할 수 없는 신체적 고통이 있다면, 상담사는 한동안 "이것들을 옆으로 비켜놓아라."라고 제안할 수 있다. 상담사는 우선 자율 훈련, 심상 치료, 이완훈련을 사용할 수 있다. 그러고 나서 다시 혼자 신체적 증상으로 돌아온다. 그리고 역설적 의도의 시행을 제안한다. 예를 들면, 유머러스한 방식으로 태도 변화가 일어나게 증상들을 과장하도록 요구한다. 이렇게 되면 원래 증상을 감소시키게 될 것이다.

많은 분노와 적대감의 경우에 루카스 박사는 대화에서 그 기초 동기를 찾도록 조언한다. 첫째, 현재 있는 모든 사람과 사실들에 관해 이야기하도록 한다. 그러고난 후 미래에 원하는 것을 혼자 힘으로 결정할 가능성을 강조한다.

만약 현재 이것을 평가할 준비가 되어 있지 않거나 혹은 더 중요한 다른 무언가가 있는 경우 상담사는 "우리는 한동안 이 과제물을 여기에 남겨두고, 다음에 다시 그것을 다룰 수 있습니다."라고 말할 수 있다. 대화를 계속하려면 상담사는 "어느 날 우리는 당신을 그렇게 많이 화나게 했던 사람이나 사건에 관해 이야기할 필요 없이 당신의 미래에 관해 이야기하는 것을 상상할 볼 수 있습니까?"라고 말할 수 있다.

3. 종결 대화

종결 대화의 목적은 상담사가 내담자에게 지원을 덜 받는 환경으로 되돌아갈 수 있도록 준비시키면서 목표를 고찰하고 상담의 성과를 요약해 주는 것이다. 이 시간까지 그들은 자신의 문제를 다루는 데 이미 약간 성공을 해왔고 자신의 증상이 감소한 것을 경험하였다. 그들은 자기 스스로 만난 횟수를 줄일 준비가 되었으며, 혹은 상담사 방문을 완전히 중단할 준비가 되었다고 보고하고 있다.

핵심 요점을 반복해 주고 일반적으로 핵심 은유 혹은 이야기들이 공유된다. 그리고 내담자들은 그들이 이전보다 더 나은 기능을 할 수 있을 것이라고 예상한다.

상담사들은 내담자가 되살릴 필요가 있는 것에 대한 지지를 보낸다. 그 경우에 그들은 이전에 논의되었던 것을 다시 고칠 수 있고, 혹은 무언가 내담자가 준비되지 않는 일이 발생하고, 그들은 자기 자신이 다룰 수 있는 범위를 넘어 그들에게 고통을 일으킨다면 다른 전술을 브레인스토밍할 수 있다.

종결 대화의 과제는 또한 내담자의 강점을 인식하고 치료 과정에 대한 그들의 견해를 표현하도록 허용하는 것이다. 그들은 이제 독립적으로 책임감 있게 행동할 준비가 되었고, 이것은 그들 자신에 대한 자신감의 표시이며, 상담사에게 작별을 이야기할 준비가 되었다는 의미이다.

4. 추수 대화

추수 대화는 내담자가 일정한 시간이 지난 후 다시 와서, 그들이 어떻게 지내고 있는지 상담사에게 말하기를 원하는 경우, 혹은 약간의 조언이나 안심과 격려가 필요한 경우에 하는 대화이다. 추수 대화는 상담사가 여전히 내담자를 더 강하게 할 수 있다는 점에서 매우 중요하다. 이 대화는 이전에 논의되었던 점을 다시 생생하게 살릴 수 있고, 내담자의 회복탄력성을 강화할 수 있다.

내담자가 논의하였던 점을 잊어버렸다고 해서 염려할 필요가 없다. 때때로 내담자는 상담사가 '그에게 말했던' 정확한 단어들을 기억할 수 없다. 그러나 보통 그에게 말한 것은 직접적인 단어보다 오히려 두드러진 이미지, 주요 구절, 혹은 일반적 인상들이다.

함께 생각합시다.

※ 초기 대화에서 "상담사는 도덕화를 피해야 한다."라는 말의 의미는 무엇입니까?

※ 중간 대화에서 '핵심단어'에 주의 기울이고, 어떻게 탐색해나갈 수 있습니까?

제7장

의미요법 개입의 단계

의미요법 개입의 단계

의미요법의 목적은 존재의 의미를 상실한 채 정신적으로 장애를 느끼는 내담자로 하여금 새로운 인생관과 세계관을 갖도록 하여 삶의 의미와 책임감을 지니게 하는 데 있다. 즉 영적으로 정신적으로 어려움을 느끼고 있는 내담자에게 자신의 삶의 과업을 깨우치게 하고, 자신의 과업을 충분히 의식하고 자각함으로써 자신의 능력을 성취하는 방법을 알게 해 주어, 자신의 삶의 의미에 직면하게 해 주는 것이다.

의미요법의 개입은 세 단계로 이루어진다. 첫 번째 단계는 문제를 이해하기 위한 진단 단계, 두 번째는 그 문제를 해결하는 치료 단계, 마지막으로 치료 후 치료의 과정을 돌아보는 추수 단계이다.

1. 진단 단계

의미요법 치료는 현재 문제의 분석을 넘어서 그 배경을 이해하는 것이다. 진단 단계에서 상담사는 철저한 검사를 통해 문제를 이해해야 한다. 내담자는 상담실에 오기 전에 상담사에게 무엇을 어떻게 이야기해야 할지 고민하며 불안해한다. 마찬가지로 상담사도 내담자에게 첫 번째로 할 질문과 필요한 정보에 대해 고민하고 있다.

내담자의 과도한 자기 관찰은 치료 시작 시 이미 자기 문제에 대한 과다반성을 유발할 수 있다. 상담사가 주의하지 않으면 내담자의 결점에 초점을 맞추고 문제에만 주목하도록 하는 질문을 통해 과다반성을 증가시킬 수 있다.

상담사는 치료하는 동안 내담자의 과다반성 발생에 영향을 미친다. 이는 내담자가 자신과 자신의 능력, 자신의 역량에 대해 매우 부정적인 견해를 가지고 부정적 측면을 과대평가한다는 것을 말한다. 따라서 상담사는 이에 대한 '치료법'을 찾아야 한다.

문제는 이러한 사이클이 초기에 즉시 깨지지 않으면 치료하는 동안 더욱 강해진다는 것이다. 이 경우 상담사는 치료 시작 시 나타난 과다반성을 '해소'하기 위해 끊임없이 노력해야 한다. 이 작업이 실패하는 경우 치료 뒤에 재발 위험이 커진다. 상담사는 내담자의 건강과 행복을 위해 노력하는 것이 중요하지만, 때로는 과거 문제에 집중하는 대신 현재의 의미 있는 활동에 집중하고 문제를 잊게 되면 즉각적인 결론이나 해결책을 도출할 수 있다.

다음은 한 가지 사례를 통해 이 점을 설명할 수 있다.

한 청년은 최근에 자신의 무능에 대한 불만으로 인해 대학을 중퇴했다고 말했다. 그는 아버지와 논쟁 후 그와 이야기하지 않기로 결심했다. 하루종일 자신의 방에서 아버지에 대한 분노와 원망을 느꼈다. 상담사는 그 청년을 어떻게 도울 수 있는지 아직 알지 못했다. 그러나 상담사가 그의 분노, 즉 분노의 원인에 관심을 갖는다면 그 청년에게 "당신의 아버지에 대해 자세히 이야기해 보세요."라고 물어볼 수 있다. 청년은 아버지를 싫어하며 성장기 동안 대부분을 아버지와 떨어져 지냈기 때문에 좋은 관계를 가질 수 없었다.

이 매우 단순한 예에서, 상담사가 대화의 말미에 청년이 말한 대로 "당신은 아버지와 함께 하지 않으려는 것 같군요."라고 요약한다면, 이미 결정된 한 방향으로 주제를 이끌게 된다. 이는 변화를 의미하지 않으며, 일시적인 것도 아니고, 탐색이나 발견을 유도하지 않는다.

반면 의료적 관점에서만 작업하는 상담사는 청년의 우유부단함, 기분 저하, 가족 갈등에 초점을 맞출 수 있다. 이 상담사는 우울증 증상의 관점에서 이러한 문제를 해석하고, 그를 근거로 약물요법을 처방할 증거를 찾을 수 있다. 청년이 처방된 약물을 복용하지 않으려는 경우, 상담사는 그를 통찰력이 부족한 사람이고 약물 복용에 부합하지 않는 사람이라고 결론을 내릴 수 있다.

그러나 청년의 우유부단함이 기분 저하와 가족 갈등에 기인한 것일지라도 증상이 임상적 우울증의 일부인지는 확신할 수 없으며, 특히 내재적인 임상적 우울증이 아닐 수 있다. 우울증으로 청년의 상태를 진단하는 것은 사실을 넘어서 그의 성격에 우울증이라는 라벨을 붙이는 것일 수 있다. 우울증은 우리 일상 언어에서 지나치게 많이 사용되는 용어이다.

- 과다반응 피하기

'과다반응 피하기'는 진단 단계에서의 첫 번째 과제이다. 다행히 대부분의 경우 초기 면접은 매우 개방적이며, 상담사가 열린 마음을 유지한다면 과다반응을 쉽게 피할 수 있다. 예를 들어, 청년에게 그의 아버지에 대해 질문한 후에 일어난 사건에 대해 이야기를 들으면, 상담사는 다음과 같이 반영할 수 있다. "그래서 나는 지난 주 당신이 아버지와 대화하기가 어려웠다는 것을 이해합니다." 또는 "당신은 언제 아버지와 이야기할 수 있을까요?" 또는 "학업 중단 결정에 관해 당신의 아버지에게 여쭈어 보는 것을 어떻게 생각하십니까?"

우리는 상담 회기에서 문제를 사전에 그려진 개념으로 가두지 않고 개방적인 질문으로 시작하고 탐색해야 한다고 믿는다. 좋은 질문은 반영을 유발하며, 가벼운 차이를 설명하고 의미를 명확하게 한다.

루카스는 이를 다음과 같이 설명하였다. "의미요법의 기본

개념은 차후 나올 수 있는 정보를 놓치더라도, 시작부터 바로 과다반성을 해소시켜야 합니다. 이러한 절차는 초기 진단적 정보를 얻을 필요가 있어 특정한 질문을 하고 특정한 탐색을 수행해야 하기 때문에 상담사에게 딜레마를 갖게 합니다. 그러나 이것은 대체 진단이라고 불리는 기법으로 해결할 수 있습니다."

대체 진단 기법은 진단 단계의 두 가지 조건을 충족시킨다. 이 기법은 내담자의 과다반성을 유발하지 않고 정보를 수집할 수 있다. 이 기법에서 상담사의 관심은 정보 수집과 긍정적인 삶을 향한 반성제거 사이를 번갈아 가는 것이다.

예를 들어, 불면증으로 고통받는 여성의 경우 다음과 같은 대체 진단 과정을 보여줄 수 있다.

A. 수면장애의 빈도에 대한 질문, 낮과 밤의 리듬 등과 관련된 주제에 대한 이야기
B. 내담자가 불면의 시간에 좋아하는 활동(독서, 음악 감상, 퍼즐 맞추기, 요리)에 대한 질문
C. 불면증과 이러한 활동들, 그녀의 경험에 대한 토론
D. 정서적으로 힘든 만남과 수면장애 발생 사이의 연관에 대한 질문
E. 내담자와 친척, 친구, 지인들과의 만남에 대한 일반적인 대화

F. 몇몇 사람과 내담자의 취미, 성향, 그리고 관심 사이의
연결 가능성에 대한 토론

이 예시에서 두 가지 질문(A와 D)은 내담자의 증상을 다루고, 다른 네 가지 질문(B, C, E, F)은 수면 문제에 대한 과도한 주의를 중화시키며, 다른 사람에 대한 그녀의 관심과 더 건강한 삶의 면에 초점을 맞추도록 설정되었다. 수면장애에 대한 모든 질문은 과다반성을 증대시킬 수 있지만, 다른 질문은 과다반성을 더 낮추고, 그래서 내담자는 초기 진단적 단계보다 심한 과다반성 없이 두 번째 치료 단계로 진입할 수 있다.

루카스는 이러한 진단 과정이 때때로 내담자가 어려움을 새로운 시각에서 볼 수 있고, 더 잘 관리할 수 있도록 도울 수 있다는 점을 강조하고 있다. 이는 정기적인 진단 검사에서는 드러나지 않는 치료적 요소가 포함된 초기 접촉 형태를 보여 준다.

- 의원성 손상 피하기

진단 단계에서 상담사의 두 번째 과제는 '의원성 손상'을 예방하는 것이다. 의원성 손상은 유해한 치료적 개입을 언급하는 데 사용되는 용어이다. 의원성 신경증은 상담심리학에서 상담사의 부주의한 말과 행동으로 인해 내담자의 증상이

강화되는 것을 말한다. 예를 들면, 한 신경학자는 가벼운 혼란으로 고통받는 여자에게 '편집증 발작'을 가졌다고 말했다. 그녀의 초기 증상은 이 의사가 처방한 약물에 의해 완전히 제거되었다. 그러나 '편집증 발작'이 새롭게 나타날 것 같은 두려움은 그 사건 이후 그녀의 삶을 어둡게 물들였다. 오랜 기간 동안의 불안, 불안정, 그리고 자기 의심은 그녀의 자신감을 손상시켰으며 인생을 즐기지 못하게 하였다. 비록 그녀는 재발되지 않았고, 실제로 진짜 '편집증 발작'을 가졌는지 확실하지도 않았지만 현재 그 신경학자의 몇 마디 말로 인해 일어난 의원성 신경증으로 고통을 받고 있다. 그러나 그 신경학자는 의학적으로 형성된 증상으로부터 그녀를 자유롭게 해주며 잘 치료하였다.

초기면접의 과제는 내담자의 세계를 이해하고, 그것을 상담사의 사고방식과 관련시키는 것이다. 그러나 프랭클의 '신경증의 이론(1993)'에 있는 진단 유형, 정신과 행동장애의 분류를 위한 국제 진단코드(ICD-10, 1992)와 정신장애의 진단 및 통계 편람(DSM IV, 1994)의 진단유형에만 국한되지 않고, 초기단계에서도 내담자의 이해를 돕고, 내담자가 문제에 대해 반성하고 변화하도록 돕는 것이다. 또한, 어떤 시도가 이루어졌는지, 내담자가 가지고 있는 자원은 무엇인지 등을 파악하는 것도 중요하다.

간단히 말해서 진단 단계에서는 때로 구조화된 임상면접

일정을 일시적으로 중단하여 개인적인 설명과 맞춤형 질문을 허용해야 할 때가 있다. 상담사는 내담자가 올바른 생각을 하는 것뿐만 아니라 잘못된 생각을 하는 것도 파악하고, 내담자가 자유로운 영역과 희망을 느끼는 곳이 어디인지를 경청해야 한다.

이처럼 좋은 질문과 반영은 현실을 그대로 볼 수 있도록 도와주며, 과거와 현재를 바탕으로 미래를 열어나가는 데 도움을 준다. 그 미래는 계획을 세우고 여전히 선택의 여지가 있는 곳이다.

루카스는 의원성의 신경증은 진단적인 진술을 하지 않고 내담자에게 부담과 고통을 주는 것으로 보이는 문제를 말하지 않음으로써 피할 수 있는 것이 아니라고 설명하였다. 상담사가 침묵하는 동안 내담자들이 자신의 문제를 제시하며, 전문적인 관점을 얻으려고 초조하게 기다리는 경우 불안을 유발할 수 있다. 다른 말로, 내담자는 상담사의 침묵을 경청하지 못하거나 이해하지 못하고 자신에게 매우 잘못되었다는 신호로 해석할 수 있다. 그럼에도 불구하고, 진실한 대답은 "나에게 잘못된 것이 무엇인지?"라고 물어보는 내담자에게도 손상을 줄 수 있다.

의원성 신경증을 예방하고 대응하기 위해 상담사는 다음 두 가지 지침을 따를 수 있다. 첫째는 진실을 조심스럽게 전달하면서도 긍정적인 측면을 강조하고, 그 사례에서 담겨 있는 의미를 표현하는 것이다. 둘째는 자기 문제에 대해 미소를 짓는 사람들은 그것들을 극복하는 길에 있다는 생각과 연관시키는 것이다.

내담자는 지지적이고 따뜻한 환경에서 자신의 문제를 표현하고, 자신의 관심사를 같은 방식으로 제시할 수 있을 때, 두려움, 의존성, 절망감을 유발하는 문제를 지나치게 강조하거나 과장하거나 병리화하는 대신, 자기 자신과 '문제' 사이에 건강한 거리를 둘 수 있다. 이러한 반응으로 내담자는 상담사와 신뢰 관계를 형성하게 된다.

이와 관련하여, 루카스는 다음 두 가지 사례를 제공한다.

사례 1 : 한번은 주변에 지나치게 자기 중심적인 사람들이 많음에도 불구하고 스스로 부끄러움을 많이 타는 젊은 여자와 대화한 적이 있다. 그래서 나는 이 이기적인 세상에서 그녀를 보호하기 위해 그녀의 성격을 변화시키려 하지 않고, 그녀가 자기 주장력을 강화하도록 도왔다. 이 '진단'은 그녀의 자신감을 향상시키고 의미 있는 치료의 기반을 마련했다. 그녀를 심각한 열등감을 느끼는 사람으로 진단하는 것은 도움이 되지 않았다. 내가 강화했던 문제와 반대되는 치료 계획을 세우는 것이 나에게 도움이 되었다.

사례 2 : 한 노인이 자신의 우울증 유형이 남은 삶에서 다시 나타날지도 모른다며 걱정스럽게 나에게 물었다. 나는 그 가능성에 대해 이렇게 말했다. "아무도 우울증이 다시 올 것이라고 확신할 수 있는 사람은 없습니다. 그러나 우리는 당신이 매번 '내리막'에서 벗어나 오랜 시간 '오르막'을 걸어온 것을 알고 있습니다. 당신은 앞으로도 건강하게 살아갈 수 있을 만큼 많은 건강한 '오르막'을 가지고 있습니다." 이에 내담자는 조용히 미소를 짓고 그 해답을 인정했다.

함께 생각합시다.

※ 지금까지 과다반성과 의원성 손상을 목격한 적이 있습니까? 그렇다면 이러한 상황에서 다르게 질문하는 방법은 무엇입니까?
※ '우울증'이라는 진단명은 내담자의 후속 치료에 어떤 영향을 미치는지 생각해봅시다.

2. 치료 단계

의미요법의 치료 단계는 일반적으로 반성제거, 태도수정, 증상감소, 의미지향 4가지 단계로 구성된다.

1단계: 반성제거(증상 확인한 후 내담자를 증상으로부터 분리하는 것)

진단 단계 이후, 첫 번째 치료 단계의 목표는 내담자들이 자기 자신과 자신의 증상 또는 문제들 사이에 거리를 두도록 하는 것이다. 그들을 두려움, 과거, 강박관념, 낮은 자존감, 불안정성, 부적절성, 우울증, 중독, 신체적 질병 또는 정서적 불안과 자신을 동일시하지 않도록 한다. 그들은 생물학적, 심리적, 사회적 환경의 무력한 피해자가 아님을 깨닫게 된다. 그들은 현재 존재하는 방식을 그대로 유지할 필요가 없으며, 자신의 상황에 대해 어떤 입장을 취할 수 있는 선택권이 있다는 것을 알게 된다.

이 단계는 매우 개별화되어 있으며, 다음을 통해 달성할 수 있다.

(1) 자유와 운명이 하나의 영역 안에 있다는 것을 이해한다.
(2) 부정적인 것과 긍정적인 것을 인식한다.
(3) 과거와 미래 사이의 달성 가능한 것을 이해한다.
(4) 무책임과 책임의 영역을 인식한다.

예를 들어, 프랭클은 불안장애, 내인성 우울증, 조현병으로 고통받는 사람들을 치료하는 경우 이러한 원칙을 강조했다. 여기서 프랭클은 내담자의 자유와 책임의 영역이 치료에 건설적으로 활용될 수 있다는 점을 조심스럽게 언급하고 있다. 상담사는 내담자가 통제할 수 없는 영역(예: 생리적 반응)과 여전히 자유로운 영역(예: 치료에 대한 협력, 자기에 대한 주의, 자기존중)을 무시하거나 경시하지 않고 고려한다. 이러한 내담자의 영역을 통해 상담사는 치료과정에서 도움을 받을 수 있다.

이 단계의 목표는 내담자가 무의식적으로 이미 알고 있는 것을 발견하도록 지원하는 것이다. 이미 알고 있는 것은 내담자는 무엇보다도 의미를 발견하려는 능력을 가진 인간이라는 사실과, 부차적으로 내담자는 깰 수 있지만 깨뜨리고 싶지 않은 특정한 유형의 결점을 갖고 있다는 사실이다.

2단계: 태도수정(내담자의 삶에 대한 부정적 태도를 수정)

치료의 두 번째 단계는 내담자의 태도를 수정하는 것을 목적으로 한다. 내담자가 증상으로부터 거리를 두게 되면, 자신과 다른 사람들, 그리고 삶에 대한 가치와 태도를 재검토할 수 있는 여지가 생긴다. 그리고 건강한 태도로 변화하여 더 성숙한 삶을 즐길 수 있는 가능성이 있다.

프랭클은 심리적 문제로 이어질 수 있는, 4가지 유형의 건강에 해로운 태도를 요약하고 있다.

(1) 잠정적 태도: 삶을 위한 목적과 계획의 부족, 목표에 도달하기 위한 노력을 하지 않고 소원과 충동에 의존하는 태도이다. 이러한 태도는 우유부단함과 결단력 부족을 나타내며, 방종하고 냉소적인 삶과 절망으로 이어질 수 있다.

(2) 운명적 태도: 모든 것이 결정되고 설명될 수 있다는 가정에 기반한 태도이다. 운명론자는 인간의 더 높은 차원을 인식하지 못한다. 그들은 인간의 행동과 선택이 운명에 의해 결정된다고 생각한다. 이러한 사고 방식은 신비와 연민에 대한 공간을 제공하지 않는다. 이 태도는 다른 사람과 공감하기 어렵고, 삶에 대해 비관적이고 냉소적인 태도를 가지며, 무책임함, 무능력, 통제의 욕구, 그리고 미신적인 신념을 나타낼 수 있다.

(3) 광신적 태도: 상대적인 가치를 절대적인 가치로 고정시키려는 경향을 갖는 태도이다. 광신자는 이 고정된 가치를 이상화시킨다. 광신주의는 선택된 가치를 상실할 때마다 정서적 위기의 전조가 될 수 있음을 경고한다. 이 태도에서는 이상적인 가치를 대체할 수 있는 다양한 기준이 없다.

(4) 집단적 태도: 개인의 개성과 책임을 포기하고 다수의 선택을 따르는 태도이다. 이 태도는 개인적인 신념이나 가치를 포기하고 집단과 조화를 이루려고 한다.

프랭클과 루카스는 위에서 언급한 '집단적 신경증적 유형' 외에도 4가지 '개별적 신경증적 유형'을 발견했다.

(1) 잘못된 피동성: 과도한 회피에 이르게 함

우리는 과도한 공포 반응, 공황발작, 공포증, 회피행동 및 낮은 자존감과 관련된 악순환을 관찰할 수 있다. 이러한 불안 반응들은 두려운 상황을 피하려는 경향을 가지고 있다. 이러한 장애를 겪는 내담자들은 실제로 자율신경계 장애를 가지고 있으며, 환경적인 자극에 빠르게 반응하는 경향이 있다.

이들은 과거에 불쾌한 자율신경계 경험, 스트레스 상황이나 잠재적인 위험 또는 외상적(外傷的) 상황과 같은 것을 경험한 경우가 있다. 이로 인해 부끄러움, 현기증, 실신과 같은 불쾌한 신체 반응이 현재에도 나타날 수 있다. 상상 속에서, 불편하거나 스트레스가 많은 상황은 실제로 있는 것보다 더 위험하거나 스트레스가 많은 것처럼 느껴질 수 있다. 따라서 불안장애를 겪는 내담자들은 더 큰 고통을 경험할 수 있다. 그러나 자율신경계 장애는 쉽게 두려운 기대를 유발시킨다. 반대로 두려운 기대는 불쾌한 신체 반응을 촉발시킨다. 이 불쾌한 신체 반응은 더욱 더 두려움을 증폭시키고, 두려움은 회피를 유발시킨다.

프랭클은 예기불안이 공포 반응을 쉽게 유발할 수 있다고 말했다. "주어진 증상은 몇몇 내담자들에게 두려운 기대를 일으킬 수 있습니다. 공포는 항상 정확하게 두려워하는 것을 유발하는 경향이 있습니다. 게다가 예기불안은 내담자가 두려워하여 일어나지 않을까 봐 극도로 두려워하는 것을 일으키는 경향이 있습니다. 그 결과 지속적인 악순환을 형성하게 됩니다. 하나의 증상은 공포증을 유발하고, 그 공포증은 증상을 더욱 악화시킵니다. 그리고 이러한 증상의 반복은 공포증을 강화시킵니다."

불안장애의 발달에 대해 프랭클은 "공포의 한 가지 목적은 두려움 그 자체입니다."라고 말했다. 즉, 내담자들은 종종 '불안에 대한 불안'을 언급한다. 상세히 조사해보면, 이 공포의 두려움은 자신의 불안 발작이 가지는 잠재적인 영향에 대한 내담자의 염려에서 비롯된 것으로 나타났다. 그들은 자신이 무너지거나 기절할 수 있으며, 심장마비나 뇌졸중에 걸릴 수도 있다는 것에 대해 두려워한다. 그러나 역설적으로 공포의 두려움은 더 많은 불안을 일으키는 활동을 유발하여 공포를 증가시킨다. 공포의 두려움에 대한 가장 일반적인 반응은 두려움으로부터 도피이다. 이는 내담자가 불안을 일으키는 상황을 피하기 시작할 때 나타난다. 즉, 그들은 불안으로부터 멀리 도망가려고 시도한다.

이것이 불안신경증의 시작점이다. '공포의 두려움'에 대한 '두려움으로부터의 도피'라는 반응은 공포 순환 주기를 만든다. 이 주기에서 불안을 일으키는 상황을 피하기 위한 모든 시도는 더 많은 공포를 유발한다. 그리고 공포증의 증상들은 두려움을 피하기 위해 사용되는 바로 그 기제에 의해 유지된다.

(2) 잘못된 활동성: 과도한 싸움에 대한 강박

이 유형은 강박 반추와 강박 노이로제의 경우에서 나타날 수 있다. 강박적 유형은 강박장애로 진단될 수 있는 심각한 형태이다. 강박관념은 되풀이되는 생각, 충동 및 영상을 의미하며, 자기 자신과 다른 사람들을 괴롭힌다. 강박행동은 강박관념에 사로잡힌 생각을 중화시키기 위해 반복적으로 수행되는 행동이다. 이는 일반적으로 고통스럽고 시간을 소비하며 과도하고 비현실적인 것이다. 내담자의 고통을 더욱 심화시키는 악순환에서 이 행동을 관찰할 수 있다.

강박 경향이 있는 내담자는 강박성격 유형을 가지고 있다. 이는 완벽주의적 경향을 가지며, 습관적으로 질서정연하고 꼼꼼한 경향을 의미한다. 그들은 환경에 민감하며 외상적이거나 스트레스가 많은 상황에 대한 반응으로 자율신경계 장애를 보이기도 한다. 그들은 자기나 다른 사람들을 변화시키려고 할 때 그 압력이 반대압력을 일으키고, 반대압력은 압력을 증가시킨다. 그들이 자신의 증상에 싸울수록 그 증상을 강화시키는 것이 이득인 것처럼 보이는 악순환이 형성된다.

다른 사람들에게는 그들의 비판에 분개하는 것으로 보인다. 그리고 그들과 싸우려고 노력할수록 어려움이 증가한다. 결과적으로 그들의 불만은 점점 커지며 주변에 불만이 가득 차게 된다. 그들은 원한, 분노, 용서 못함, 어려움을 인정하기 어려울 수 있다.

강박장애의 발달 과정은 마음속에 갇혀서 계속 반복되는 몇 가지 사고 내용에서 시작될 수 있다. 이러한 내용은 자기 자신과 다른 사람들에 대한 부정적인 사고, 고통 경험, 외상, 죄책감 또는 기괴한 상상일 수 있다. 내담자는 이러한 내용을 수용할 수 없는, 잘못된 또는 부적절한 것으로 보고 무효화하거나 대항하려고 노력해야 한다고 믿는다. 이 과정에서 원래의 사고 내용은 더욱 중요하고 주목 받게 된다. 이를 해소하기 위해서는 더 많은 에너지가 필요하다. 악순환이 완성되면 그 사람의 몸과 능력은 지나치게 평가되며 자기 자신과의 싸움에 에너지를 소비한다.

잘못된 활동성 태도와 자기에 대한 과도한 싸움을 멈추는 방법은 모든 사람이 약점을 가지고 있다는 사실을 인정하는 것이다. 그러나 약점에만 초점을 맞추는 것은 문제를 더욱 강화시킬 수 있다. 약점보다는 장점을 인식하고, 차이를 수용하고 관용하는 방법을 배워 다른 사람들을 사랑하기 위해 노력하는 것이 자신을 변화시키는 데 도움이 된다.

강박장애의 경우, 올바른 대처 방법을 배우는 것이 중요하다. 첫째로, 강박성격은 실제 정신병에 대한 면역력을 부여한다는 사실이다. 항상 현실을 점검하는 것은 현실을 파괴하는 신호가 되지 않는다. 강박성격은 진짜 부도덕한 행동이나 다른 사람들에게 해로운 행동을 하지 않는다. 다른 사람이나 자기 자신에 대한 과도한 관심은 타인을 부주의하게 만들지 않는다. 둘째로, 뇌리에 박혀있는 생각을 편안히 무시하는 방법을 배우기 위해 그것에 특별한 의미를 부여하지 않는 것이다. 이상한 생각이 정신병의 징후일지도 모른다는 생각에 두려워하지 않도록 한다.

(3) 과도한 강제: 과도한 의도에 이르게 함

과도한 강제는 과도한 방어나 단일한 생각에 의해 나타날 수 있다. 종종 이는 이기주의적인 욕구, 힘, 성공, 통제 또는 쾌락 지향과 관련될 수 있다. 그러나 쾌락을 더 많이 추구할수록 실제로는 쾌락을 덜 느끼게 되는 악순환의 고리를 형성한다. 이는 과도한 쾌락 추구가 실제로 즐거움의 경험을 감소시키기 때문이다.

욕구는 충족되고 사라진다. 하지만 욕구가 다시 생기고 충족될 때까지 지루함이 발생한다. 만족은 지루함에서 시작된다. 그리고 자아 중심적인 경험 속에서 자신과의 싸움은 결코 끝나지 않는다.

과도한 의도는 자기와 현재에 집중하지 못하게 하여 불쾌한 긴장과 불만을 유발한다. 이는 모든 것이 상대적이며 행운이나 재산에 달려있다는 이분법적인 시각을 형성한다. 통제가 많을수록 통제가 상실된 것처럼 보인다.

끊임없이 원하는 욕구는 욕구를 충족시키지 못하게 하고, "다른 사람들은 나보다 갖고 있는 것이 많다."는 지속적인 비교 평가를 멈출 수 없게 한다. 결과적으로 과도한 강제와 의도는 비교, 좌절 및 불행으로 이어진다. 이는 자기비하와 삶에 대한 지속적인 불만을 유발한다.

가장 심각한 형태의 과도한 의도는 중독에서 볼 수 있다 (예: 알코올 남용, 약물 남용). 중독은 의미 있는 삶을 사는 데에 부적절한 수단이다. 예를 들어, 강박적인 도박 중독자의 자기보고에서 "나의 목적은 나의 지루함을 채우는 것이다." "좋은 시간을 보내기 원한다." "승리하고 싶다." "이제 더 이상 잃을 것이 없다고 느낀다."와 같은 말을 한다.

이는 또한 성적 신경증의 기반이 될 수 있다. 여기서 의도는 다른 사람에 대한 진정한 감사보다 오히려 자기만족을 중시하는 것이다.

과도한 의도에서 악순환의 고리는 자신의 삶과 능력에 대해 감사하는 방법을 학습하고, 다른 사람을 사랑하기 위해 일부 욕구와 성취를 포기함으로써 깨어질 수 있다.

4) 과도한 주의: 자기에 대한 과도한 반성에 이르게 함

과도한 반성은 지속적으로 자신의 행동을 점검하는 과정을 말한다. 이는 자신의 실패나 성과 저하에 대한 불안에서 출발한다. 지나치게 자기를 돌아보는 것은 실수를 방지하기 위한 노력의 일환이며, 실패를 줄이기 위한 과도한 반응으로 이어져서 악순환을 형성한다. 이로 인해 얻어지는 불안은 미

래의 위기에 대한 취약성을 증가시키며, 두려움과 유사한 증상을 유발할 수 있다.

과도한 자기주의는 지나치게 부정적인 자아상을 형성하며, 이러한 부정적인 자아상이 다른 사람들에게도 영향을 미친다. 이는 결국 자기에 대한 불만과 과도한 요구로 이어질 수 있다. 과도한 반성은 사소한 일상 문제를 재앙으로 바꾸고, 사소한 장애물을 극복 불가능한 장애물로 인식하게 한다. 과도한 반성에 사로잡힌 사람의 삶은 일어날 수 있는 끔찍한 사건들이 발생할 수 있는 가능성으로 인해 혼란에 빠지게 된다. 그래서 그들은 문제가 발생하기도 전에 이미 그것을 부담으로 여기게 된다.

이 유형은 성적 신경증, 불면증, 불안장애, 기분장애, 신체추형장애, 건강염려증 등에서 나타날 수 있다. 긍정적이고 현실적인 자아상은 과도한 반성에 대항하는 가장 좋은 방법이다. 하지만 종종 심각한 질병을 겪고 있는 경우도 있다. 특히 정신질환 회복 단계에 있는 내담자는 현실적이고 부정적인 자아상을 가질 수 있다.

그들이 자기주의의 고리를 끊는 데 어떻게 도움을 줄 수 있을까. 첫째, 현실적이고 부정적인 자아상은 자기에게 의존한다는 것을 인식해야 한다. 목표는 자기에게 의존하지 않는 자아상을 형성하는 것이다. 그들은 자아상을 버리고 외부 세계를 주목해야 한다.

자아상과 상관없이 외부 세계에서 긍정적인 것은 무엇인가. 외부 세계에 존재하는 가능성은 새로운 자아를 형성하고 의미 있는 삶을 만들어 줄 수 있는 기반을 제공한다. 세상에 존재하는 몇 가지 의미 있는 가능성을 인식하면 자기주의의 사이클이 끊어지고, 자아상은 중립적이고 현실적이며 의미를 갖게 된다.

3단계: 증상 감소(내담자의 증상이 사라지거나 통제 가능해짐)

성공적인 반성제거와 태도수정의 결과는 증상의 감소이다. 증상은 사라지거나 더 쉽게 관리할 수 있게 된다. 새로운 태도는 내담자들이 그것을 참을 수 있도록 하거나, 또는 지금 그들이 이용할 수 있는 새로운 반응 양식을 탐구할 수 있도록 도움을 준다.

루카스는 창조성, 희망, 용서, 화해, 신뢰, 그리고 감사에 관심을 높이는 방법을 설명했다. 또한, 사람들이 무엇을 알고 있는지, 그리고 그들이 무엇을 잘 알고 있는지, 무엇이 아직 그대로인지, 무엇이 아직 가능성이 있는지에도 주목했다. 이러한 요소들은 미래의 위기에 대응하여 내담자에게 면역력을 강화하는 건강한 태도를 형성하고, 더 빠른 회복과 보다 만족스러운 삶을 추구할 수 있도록 도움을 준다.

4단계 : 의미지향(내담자가 의미 가능성 확장을 위한 경험과 활동을 함)

증상 감소가 성공적으로 이루어진 경우, 내담자는 새로운 태도에서 긍정적인 치유의 측면을 경험한다. 이 단계에서 내담자는 새로운 의미지향에 열려 있게 된다. 의미요법에서 이 단계는 매우 중요하며 특수하다.

앞서 언급한 대로, 의미요법에서는 모든 치료 단계와 마찬가지로 상담사와 내담자가 서로 경청한다는 점은 동일하다. 그러나 의미요법에서 특별한 점은 상담사가 내담자를 향해서만이 아니라 의미를 향해 있다는 것이다. 상담사는 내담자가 말한 것 속에서 의미의 흔적을 경청하며, 그들이 의미를 추구하는 과정에서 내담자 자신의 능력을 이끌어내려고 한다.

치료는 상담사와 내담자 모두가 자신의 의미를 추구할 때 성공적이다. 대화가 진행됨에 따라, 내담자의 특정한 상황 속에서 의미 있는 것으로 발전할 수 있는 창조적인 발견이 나타날 수 있다. 의미는 상담사에 의해 주어지는 것도, 내담자나 상담사에 의해 발명되는 것도 아니다. 오히려 의미요법의 과정에서 의미는 내담자와 상담사 사이의 '공동 창조'에 의해 발견된다.

3. 추수 단계

추수 단계는 상담 과정에서 중요한 부분이다. 이 단계에서 상담사는 내담자의 건강한 태도를 확립하고 유지하기 위해 내담자의 상태를 지속적으로 모니터링하며 지원한다. 추수 단계에서는 내담자들이 방전되지 않도록 관찰하고 돌봄을 제공하는 역할을 한다.

상담사는 추수 단계에서 내담자들이 더 많은 스트레스를 경험할 수 있다는 점을 주의해야 한다. 내담자들은 자신이 다룰 수 있는 것보다 더 많은 스트레스를 겪을 수 있다. 또한, 내담자들은 만족할 수 있는 방법을 배우기 전에 더 많은 여가 시간을 갖게 될 수도 있다. 그러나 상담사는 내담자들이 지나치게 요구하는 것에서 비롯된 스트레스나 너무 많은 여가 시간으로 인한 지나친 반성이, 내담자에게 이전에 건강하지 못한 유형으로 재발할 수 있다는 점을 염두에 두어야 한다.

루카스는 내담자의 가치 기반을 확대하고, 재발 가능성을 줄이기 위해 그들이 독특한 의미를 발견할 수 있도록 돕는 의미요법의 기법과 그 이상의 심리 지식이 필요하다고 언급했다.

함께 생각합시다.

※ 우리 사회에 만연한 집단적 신경증적 유형과 개별적 신경증적 유형에 대해 논의해 봅시다.
※ 나의 문제를 의미요법의 4단계 과정을 통해 기술해 봅시다.

제8장

역설적 의도

역설적 의도

 의미요법에서 역설적 의도는 인간은 자기중심적 관심이나 주의에서 벗어날 수 있는 '자기분리'의 능력을 갖고 있는 존재라는 것을 전제로 한다. 역설적 의도는 내담자가 증상에서 도피하거나 싸우려는 것을 그만두게 하고 오히려 증상을 강화하게 함으로써 증상에 집착하고 있는 자신의 모습을 보고 웃을 수 있는 기회를 제공하여 증상에 대한 태도를 변화시키는 기법이다.
 의미요법에서 대면공포증, 강박증 등의 대부분의 신경증은 공포, 과도한 의도, 과도한 주의에 그 원인이 있다고 보고 있다. 공포는 자신이 두려워하는 사건이 예상한 대로 생기게 한다. 예를 들면, 큰방에 들어가거나 많은 사람을 대할 때 얼굴이 붉어지는 것을 두려워하는 사람은 사실 그런 상황에서 얼굴을 붉히게 된다. 과도한 의도는 자신이 어떤 일을 성취하려고 의식적으로 강하게 노력하면 할수록, 사실은 점점 더 그 일을 성취하기가 어려워지는 것이다.

이 과도한 의도의 결과는 성적인 신경증에서 잘 나타난다. 남자가 자신의 성적인 능력을 여자에게 과시하려고 의식적으로 노력하면 할수록, 결과는 실패로 끝날 확률이 높아진다. 또 여성이 자신의 절정감 경험의 능력을 남자에게 보여주려고 노력하면 할수록 점점 더 불감증에 걸리게 된다. 왜냐하면 성적인 즐거움은 사랑을 통해서 두 사람이 일치감을 느낄 때 부수적으로 오는 것이지, 그 자체가 목적이 아니기 때문이다. 과도한 주의는 지나치게 한 가지 일에 주의를 기울이기 때문에 오히려 그 일이 성취되는 것을 방해하는 것이다. 특별한 신체적인 원인이 없이 생기는 불면증의 대부분은 잠이 오지 않는다는 사실에 너무 주의를 하기 때문에 오히려 잠이 오지 않는 경우가 많다.

공포, 과도한 의도 그리고 과도한 주의 때문에 생기는 신경증을 의미요법에서는 반대로 역설적 의도라는 방법을 통해서 치료한다. 역설적 의도는 일어날까 봐 두려워하는 사건을 일어나게 하려고 의식적으로 노력하는 것을 의미한다. 이렇게 하면 과도한 의도나 과도한 주의와는 반대가 되므로 오히려 의식적으로 일어나도록 노력하는 일이 일어나지 않게 된다. 그 과정은 다음과 같다. 신경증의 실제 원인이 신체적이거나 심리적이거나 관계없이 그 기저에는 무엇을 예상하고 근심하는 송환기제가 작용한다. 즉, 공포심은 신경증 등을 발생시키고, 그 신경증은 공포심을 증가시키는 악순환을 되풀이하게 된다. 따라서 공포심을 없애기 위해서는 역설적 의도에 의해서 공포심에 대한 과도한 주의를 멈추고, 그 대신 공포심을 가볍게 생각한다면 그 악순환은 끊을 수 있다. 따라서 그 증상이 줄어들고 마침내는 없어져 버리게 된다.

- 박테리아 공포증적 강박관념

프랭클은 비엔나 폴리클리닉 병원에 입원한 35세의 여성에 대해 이야기했다. 그 여성은 박테리아 공포증적 강박관념과 심한 세척 충동으로 고통받고 있었다. 최근에 그녀는 자살을 여러 차례 시도해서 입원해야 할 정도까지 심해졌다. 그녀는 박테리아에 대한 공포 때문에 삶이 지옥이라고 말했다. 그녀는 하루에도 수백 번씩 손을 씻었다. 세균과의 접촉이 두려운 그녀는 더 이상 집을 나오지 않았다. 남편이 아이들에게 세균을 전염시킬 것 같아 남편이 아이들과 접촉하지 못하도록 했다. 그녀는 자신이 가족을 불행하게 만들었다고 느꼈기 때문에 이혼을 요청했다. 그녀는 집안일을 할 수 없었고, 종일토록 침대에 있으면서 무력하게 지냈다.

'희망을 불어넣기'라는 제목을 가진 첫 번째 치료 단계 동안 프랭클은 그녀의 강박 증상에 대해 질문했다. 그녀는 두려움 때문에 정신병 증상으로 생각하여 그것과 싸우고 있었다. 프랭클은 그녀의 강박관념 증상은 '아난카스틱'이라 불리는 특정 유형의 성격 구조에 속하며, 이 성격 구조는 그녀에게 실제 정신병으로부터 면역력을 갖게 한다는 것을 알려주었다. "당신은 그러한 두려움을 가질 이유가 없습니다. 아난카스틱 성격유형이 있는 사람들을 제외하고 정상적인 모든 사람은 정신병에 걸릴 수 있습니다. 나는 당신에게 이것을 알려주어 당신의 상상을 파괴하는 것 외에 당신을 도울 수 없습니다. 따라서 당신은 강박관념과 맞서 싸울 필요가 없습니다. 또한 당신은 그것들과 농담할 수도 있습니다." 그 내담자는 안도의 한숨을 내쉬었다.

프랭클은 치료의 두 번째 단계를 '관점 바꾸기'라고 말했다. 이것은 역설적인 의도를 사용하여 달성되었다. 프랭클은 내담자에게 시선을 맞추고 자신이 하는 일을 따라 하도록 했다. 프랭클은 몸을 구부린 채 다음과 같이 말하면서 양손으로 실내 바닥을 문지르기 시작했다. "지금은 변화를 위해 감염을 두려워하지 않고 그 감염을 초대합시다." 프랭클은 계속해서 바닥을 힘차게 문지른 다음, 자신을 따라 하라고 요청하면서 이번에는 내담자의 얼굴에 손을 문질렀다. 그녀는 주저하면서 의자에서 일어나 그의 옆에서 천천히 무릎을 굽히고 바닥에 손을 문지르기 시작했다. 프랭클은 더 강하게 바닥을 문지르고 세균을 손과 얼굴에 문지르라고 격려했다. 그녀는 시키는 대로 했는데, 이상한 표정이 그녀의 얼굴에 나타났다. 프랭클은 그것을 알아차렸고, 청중에게 다음과 같이 말했다. "그녀가 웃고 있는 것이 보이십니까? 그녀는 이미 더 나아지고 있는 것입니다."

프랭클은 그녀를 의자에 앉게 하고 그녀의 아이들과 그들에 대한 그녀의 사랑을 이야기했을 때 가장 극적인 변화가 관찰될 수 있었다고 하였다. 그녀는 침착하고 자신 있게 말했다. 그녀의 목소리와 얼굴에 생기가 돌았다. 마침내 그녀는 일어나서 당당하게 방을 떠났다.

프랭클은 치료 후에 그녀가 그녀의 두려움에 대해 농담할 수 있다고 했다. 그녀가 증상에서 완전히 자유로워졌다고 말할 수는 없을 것이다. 왜냐하면 강박관념이 그녀의 마음에 들어갔을지도 모르기 때문이다. 그러나 역설적인 의도는 수년간 이 여성을 괴롭히던 악순환의 고리를 끊는 데에 분명히 성공적이었다.

- 과도한 발한 공포

프랭클은 발한 공포를 호소하며 자신을 찾아온 젊은 의사에 대해 말했다. 그 의사는 땀 공포증을 앓고 있었다. 그는 누구를 만날 때 땀이 예상되면(예기불안) 지나치게 땀이 나는 것에 대한 공포가 있었다. 프랭클은 이 악순환을 끊기 위하여, 다른 사람들에게 얼마나 많은 땀을 흘릴 수 있는지를 보여주도록 결심해 보라고 조언했다. 일주일 후에 그 의사는 예기불안을 유발한 사람을 만날 때마다 자기 자신에게 다음과 같이 말했다. "전에는 1리터의 땀을 흘렸지만, 이제는 적어도 10리터를 흘릴 거야, 한 통을 채워야지. 마루 위에 웅덩이가 생길 거야!" 그 의사는 여러 해 동안 고생했던 발한 공포증에서 벗어날 수 있었다.

- 설명되지 않은 심계항진(불규칙하거나 빠른 심장박동)

11년간 다양한 치료 방법들을 시도해왔던 한 여성은 불만이 완화되지 않고 오히려 증가했다. 그녀는 갑자기 쓰러지는 것에 대한 심한 불안과 예기공포가 수반되는 심장발작으로 고통받았다. 첫 번째 발작이후 그녀는 이것이 다시 재발할 것이라는 두려움을 갖기 시작했고, 결과적으로 그랬다. 그녀는 두려움이 생길 때마다 심계항진이 뒤따랐다고 말했다. 그러나 그녀의 주된 걱정은 거리에서 쓰러질지도 모른다는 것이었다. 코쿼렉 박사는 그러한 순간에 자기 스스로에게 다음과 같이 말하라고 조언했다. "내 심장은 여전히 더 빠르게 뛸 것이다! 나는 바로 여기, 길가에서 쓰러지고 싶다!" 여기에 더하여 그런 순간을 피하는 대신에 불쾌하고 심지어 위험했던 장소를 찾아가도록 신중하게 조언했다. 2주 후에 내담자는 다음과 같이 보고했다. "저는 지금 꽤 괜찮아졌고 심계항진이 거의 없어졌습니다. 두려움은 완전히 사라졌습니다." 퇴원하고 몇 주 후에 그녀는 다음과 같이 보고했다. "때때로 가벼운 심계항진이 발생합니다. 그러나 그것이 발생할 때 저는 자신에게 다음과 같이 말합니다. '내 심장은 훨씬 더 빠르게 뛰어야만 한다!' 그리고 그 순간에 심계항진은 멈춥니다."

함께 생각합시다.

※ 어떤 상황에서 역설적 의도가 가장 성공적이라고 상상할 수 있습니까?
※ 직관적으로 역설적 의도 기법을 적용했을 때의 실제 경험이 있습니까?

제9장

반성제거

반성제거

반성제거(反省除去)는 인간이 자기초월 능력을 지닌 존재라는 것을 전제하고 있다. 의미요법에서는 내담자가 자기 문제에 대해 과도한 주의나 자기 관찰이 행동장애의 원인이 될 수 있다고 보고 있다. 이때 그러한 과도한 주의를 내담자가 자기 밖의 다른 관심사로 돌리게 함으로써 건강하지 못한 자기반성으로부터 자유롭게 하는 것을 말한다.

무슨 일이든지 너무 생각을 많이 하면 더 어려워진다. 사람들은 돈 만원을 준다고 약속하고 코끼리 생각을 하지 말라고 하면 코끼리 생각을 더 많이 하게 된다. 그러다가 기린을 생각해 보라고 하면 코끼리 생각이 멎게 된다. 반성제거의 원리는 바로 여기에 있다. 즉 의미요법에서 말하는 과다반성을 반성제거하는 것이다.

반성제거 기법은 두 가지 부분으로 나누어진다. 하나는 '정지신호'이고, 다른 하나는 '사고지표'이다. 전자는 병리적 과다반성에 쐐기를 박는 것이고, 후자는 마음을 다른 사고로 돌리는 것이다. 이같이 새로운 지향성이 자기 중심성을 떠나 적극적이고도 의미 지향적인 새로운 세계관을 갖게 한다.

수면장애의 경우 반성제거법이 효과적이다. 수면장애를 가진 환자가 잠자리에 누워 잠이 들기만을 생각하고 있으면 자연스럽게 잠을 청하는 잠의 기제를 망치게 된다. 잠을 청하지만 잠들기 더 어려우니까 더 초조해지고 밤잠을 설쳤기 때문에, 내일 겪게 될 피해가 걱정된다. 문제를 생각하면 할수록 잠은 더 안오기 때문에 잠들기가 더 어려워질 뿐이었다. 이때, 먼저 정지신호를 보낸다. 인간의 신체는 필요한 수면을 저절로 취하게 마련이라는 사실을 알게 한다. 잠이 오지 않아 걱정하는 대신 일종의 역설적 기법을 이용하여 사고 전환을 한다. "어떻게 보면 깨어 있는 것도 좋다. 살아있는 시간의 선물이기도 하다. 어짜피 나는 내 생활의 삼분의 일을 잠자는 데 바치게 마련이다."라고. 그리고 사고지표로서 다른 것을 생각하도록 한다. 오늘 하루의 일을 회고한다든지 혹은 주말 계획을 세워보는 일 혹은 어떤 소설의 마지막 3페이지를 읽고 나서 결말을 예상해 보는 일과 같다.

다른 예를 하나 더 들어보자. 자신의 최적 상태에 대해 늘 과도한 반성을 하는 탓으로 오히려 최적 상태를 유지하지 못하는 사람이 있다. 아침에 일어나면 잠을 잘 잤는지와 나쁜 꿈을 걱정하며 아침 식사와 영양가를 걱정하였다. 그리고 출근할까 망설인다. 이런 과다반성이 심한 사람일수록 대개 일할 의욕도 잃기 쉽다. 이런 사람은 자기에 대하여 극히 일상적인 말을 걸어와도 고깝게 듣고 자기가 무시당하는 것으로 생각한다. 또 이런 사람들은 늘 자신에게 지금 내가 만족하고 있는지를 따져 보는데, 대개 만족스럽지 못하다는 답을 내린다. 바로 이러한 태도 때문에 삶의 맛을 모르고 살면서 늘 불만이 많다. 이때 정지신호로서 부정적인 발언이 나올 때마다 중단하는 것이다. 그리고 사고지표로서 자기 자신과 자신의 삶에 대하여 전적으로 적극적인 측면을 찾아 이야기하게 한다. 여기에서는 사고의 전환이 필요하다. 그러기 위하여 자신에 대해서 좋아하는 점과, 하고 싶은 일을 적어서 목록을 작성해 본다. 자기 생애에서 겪었던 이런 적극적인 측면을 회고해 보면 불안도 극복할 수 있는 잊을 수 없는 일들이 회상된다.

- 성적 어려움

S부인은 프랭클을 찾아와 불감증을 호소했다. 그녀는 어렸을 때 아버지로부터 성적인 학대를 당했다고 했다. 그러나 그것은 그 자체가 그녀의 불감증이 생긴 유년 시절의 외상적인 경험은 아니었다. 그녀는 유명한 정신분석에 대한 기사를 보고, 그 정신적인 충격이 성적 노이로제를 일으킬 것이라고 예상하게 되었다. 그녀의 예기불안은 그녀 자신의 행동에 지나친 주의를 갖게 했고, 자신의 여성성을 확인하기 위해 과도

한 의도를 하게 했다. 그 결과 그녀가 바랬던 만족한 성관계를 갖는 데 장애를 가져왔다. 반성제거 사용을 통한 단기 의미요법에서 그녀의 주의가 자기 자신에게서 배우자를 향해 다시 초점이 맞추어졌다. 그 후 그녀는 그 문제가 사라졌다고 말했다.

- 반응성 우울증

프랭클이 B부인을 만났을 때 그녀는 일반적으로 음악, 연극, 예술에 경험이 있는 62세의 여성이었다. 그녀는 또한 암 투병을 하고 있었고 예후가 좋지 않았다. 그럼에도 불구하고 그녀는 밝고 활력이 넘쳤다. 그러나 불치병이라는 판결의 결과로 후속적인 진료를 받을 때부터 그녀는 자신의 고통과 임박한 죽음에 대해서만 생각했다. 그녀는 위축되었고 냉담해졌다. 이전의 태양 아래 있는 모든 것을 포용했던 것이 이제는 단 한 가지 - 그녀의 고통과 죽음의 공포 - 에 집중하게 되었다. 프랭클은 반성제거를 사용하였다. 즉, 현재 조건에 대한 질문을 그녀의 이전 희망, 관심, 열망, 그리고 관계에 대한 질문으로 바꾸었다. 그래서 프랭클은 공공장소에서 그녀의 그림과 작품을 전시하고 싶은 비밀스러운 그녀의 소원에 대해 알게 되었다. 그녀는 그 소원이 현실이 되도록 작업을 시작하자는 제안에 기꺼이 동의했다. 새로운 관심은 그녀에게 희망과 의미를 부여했다. 그녀는 매우 열심히 했으며, 매우 성공적인 전시회를 가졌다. 그리고 그 전시회는 그녀에게 새로운 자기상과 삶에 대한 새로운 관심을 갖게 해 주었다.

- **자살 충동**

K 부인은 이스라엘의 노인 주거시설에 사는 75세의 여성이었다. 그녀의 남편은 3년 전에 죽고 그녀는 친척도 없었다. 그녀는 열린 창가에 앉아 한 발을 허공에 내놓은 채 앉아 있었다. 그녀는 사람들이 그곳에 앉아 죽음 놀이를 하는 자신을 보고 놀라는 모습에 쾌감을 느꼈다. 그녀는 또한 자기 가까이에 조심스럽게 다가오는 사람들에게 "네 일에나 관심을 가져!"라고 소리치며 쫓아냈다. 그러나 그녀는 프랭클에게는 호의적이었다. 프랭클은 그녀가 뛰어내리거나 창에서 추락할지 모른다는 두려움을 느꼈다. 그리고 그녀의 위험한 자세를 인식하지 못한 체하면서 그녀에게 자신에 대해 이야기하도록 했다. 또한 하나의 약속을 하도록 했다. 프랭클은 그녀에게 그 위험한 창가에서 내려와서 '숙녀'처럼 함께 앉아서 이야기하자고 하였다. '숙녀'라는 단어는 분명히 그녀의 행동에 변화를 가져왔다. 그녀는 더 버티지 못하고 눈물을 흘리며 자신의 이전 삶, 상실 경험, 계속 죽으려고 했던 것에 대해 이야기하였다. 프랭클은 죽음에 대한 그녀의 과다반성을 끊어야 했다. 그렇지 않으면 자살 시도를 하게 되리라고 생각했다. 따라서 그는 반성제거를 사용했다. "나는 당신이 창에서

뛰어내리지 않을 것임을 알아요. 왜냐하면, 당신은 언제든 그렇게 할 수 있기 때문이지요. 당신은 단지 죽음을 두려워하고 있지 않다는 것을 보여주고 싶기 때문입니다. 하지만 당신이 죽을 수 있는 시간은 충분히 있습니다. 누구든지 당신이 모세처럼 백이십 살까지 살 수 있을지도 모른다는 것을 알고 있습니다. 그런데 왜 당신은 자신의 삶을 헛되이 보내려고 하십니까?"라고 말했다. 그녀는 잠시 주저하는 듯하며 물었다. "그래서 나는 무엇을 해야 합니까?" 마음의 얼음이 깨지자 우리는 임차인 소식지를 발행하는 사무실에 도움을 얻어 그녀가 정말로 좋아하는 직업을 갖도록 K부인에 대한 계획을 세웠다. 그 후 열린 창문에 앉아 있는 것이 그녀에게 잊어버리고 싶은 일이 되었다.

함께 생각합시다.

※ 어떤 상황에서 반성제거가 가장 성공적이라고 생각할 수 있습니까?
※ 직관적으로 반성제거 기법을 적용했을 때의 삶의 경험이 있습니까?

제10장

태도수정 기법

태도수정 기법

우리는 주변에서 부정적인 삶의 태도를 갖고 있는 사람들을 많이 만난다. 그들은 자신이 처한 상황에 대해 부정적인 태도를 갖고 있는 사람들이다. 이들의 부정적 태도를 수정해서 긍정적 태도로 변화시키는 일은 쉬운 일이 아니다. 왜냐하면 그들은 모든 상황을 직면하기보다는 회피하려 하고, 쉽게 실의에 빠지거나 의기소침해진다. 또한 실패를 전적으로 자기 탓으로 돌리거나 또는 전적으로 타인 탓으로 돌리기도 한다. 그들의 삶은 부정적인 방법으로 자기의 욕구를 충족시키려고 한다.

태도수정 기법은 바꿀 수 없는 무의미한 상황에서도 새롭고 의미 충만한 태도를 찾아내게 한다. 우리는 결혼 생활의 파탄, 우정이 깨짐, 사랑하는 사람의 죽음, 사업 실패나 실직, 건강의 상실, 물질적인 손해 등 많은 비극적 상황을 경험한다. 우리는 이 위기를 벗어나기 위해 몸부림친다. 그러나 좀처럼 위기의 소용돌이를 벗어나기가 어렵기도 하려니와 벗어나려 노력하면 할수록 더 깊이 빠지는 경험을 한다. 태도수정 기법은 상황을 변화시키려 하기보다는 여기에서 벗어나기 위한 태도를 선택하는 것이다. 상담사는 그들이 자기 평가에 근거해서 더 큰 의미가 있는 목표에 열의를 집중하는 일을 하게 만드는 것이다.

태도수정 기법의 본질은 어떤 상황은 변화시킬 수 없으며, 의미 있어 보이지 않을지라도 모든 상황에 의미가 있음을 인식하게 하는 것이다. 그리고 사람들이 비극적인 상황에 어떤 태도를 갖고 대응하느냐에 의해 회복 가능성이 있다는 것이다.

태도수정 기법의 과정은 다음과 같이 요약할 수 있다.

상담사는 먼저 내담자의 현재 상황을 탐색하고 그들이 겪는 고통의 원인을 이해한다. 그리고 고통의 근본 원인을 찾아 현실적인 제한사항을 확인하고, 강점과 가능성을 인지한다. 또한 고통을 증가시키는 건강하지 않은 태도를 인지하고 이를 변화시키려고 노력한다. 그다음에는 발견한 내용을 내담자가 자각하게 하고 그것을 공개적으로 논의하게 한다. 끝으로 삶의 의미에 대한 신념을 강화하고 개인의 무한한 가치를 긍정적으로 바라보도록 도움을 준다. 상담사는 이러한 과정을 통해 내담자의 태도를 수정해 나가게 된다.

- **노화 신호에 대한 태도**

한 부인은 29세였지만 25세 때 흰 머리카락을 처음 발견한 후 머리를 염색하기 시작했다. 그녀는 염색에 대한 심한 알레르기가 생겼으며 만일 염색을 계속하면 머리가 다 빠질 위험에 처해 있었다. 그녀는 너무 큰 충격을 받고 자살을 생각하게 되었다. 루카스는 그녀에게 흰 머리카락이 나이가 들었다는 경고신호로서 보여질 수 있다는 사실에 주의를 기울이면서 태도수정을 시도했다. 그는 그녀에게 시간이 지나가고 있으니 머뭇거리지 말라고 했다. 일반적으로 경고신호는 더 늦은 나이에 찾아오지만, 25세에 흰머리가 생겼다는 것은, 그녀에게 일할 시간이 더 많이 주어진 것임을 인식하게 했다.

그녀는 새로운 눈으로 그녀의 흰 머리카락을 바라보기 시작했다. 그녀의 머리카락은 노화를 상기시키는 것이 아니라 여전히 하고 싶었던 일이 있다는 뜻으로 바뀌었다. 그녀는 미루어온 가발 만들기를 시작했으며 여행을 갔고, 교육 프로그램을 수강하기 시작했다. 그녀는 노화를 삶의 충동으로 간주하며 더 이상 죽음을 생각하지 않았다.

- **과거 실패에 대한 태도**

한 젊은 여성이 대학 시험에 떨어질 것 같은 두려움을 극복할 수 없었기 때문에 구트만 박사를 찾아왔다. 그녀는 공부를 시작할 때마다 "넌 결코 성공할 수 없어."라고 말한 고등학교 교사를 떠올렸다. 그녀는 이 말을 비판없이 받아들였고, 심지어 시험을 보기 전에 이미 자신을 실패자라고 여겼다.

인간의 도전적인 영적 힘을 일깨우기 위해 쿠트만은 그녀에게 "자신이 실패자가 되고 싶지 않다면 실패자가 아니다."라는 사실을 알도록 부추겼다. 그는 그녀에게 실수로 판가름 난 수많은 예언들이 사람들에 의해 만들어진다고 말했다. 그는 선생님의 예언 또한 잘못되었다는 사실을 그녀와 모든 교사에게 증명하도록 요구했다. '사람들은 변화되고 변화될 수 있다는 것'을.

구트만은 그녀에게 도움을 주기 시작했다. 그는 선생님이 왜 그녀의 미래에 대해 안 좋은 예언을 했는지에 대해 물어보자, 그녀는 그 당시 정말 열심히 공부하지 못했다고 웃으면서 말했다. 그녀는 그때 한 남자 친구에 대한 생각과 환상에 사로잡혀 공부를 게을리했다고 회상했다. 그러나 그녀는 이제 "노력할 준비가 되어 있다고 생각한다."고 말했다. 구트만은 그녀가 '자신이 최선을 다할 수 있다는 것을 스스로 증명하기 위해 상담실을 나갔다'고 보고했다.

- 이혼에 대한 태도

　루카스는 자기 내담자에게서 자신보다 훨씬 더 젊은 아내가 그와 아이를 남겨둔 채 떠나가서는 돌아오려 하지 않는다는 말을 들었다. 아내는 그가 너무 나이가 많다는 사실을 알리고 이혼해주기를 원했다. 그는 엄청난 충격을 받아 심장병이 생겼으며, 오래 살지 못할 것처럼 보였다. 그의 삶에 새로운 의미를 주게 될 목표를 찾는 것이 불가능해 보였다. 아내와 아이는 삶의 전부였기에 그의 슬픔은 건강을 서서히 약화시켰다. 그는 어떤 다른 것도 생각할 수 없었다. 그러므로 고통 자체를 수용할 수 있는 어떤 의미와 연결시키는 것이 필요했다. 그가 아내를 되찾기 위해 아무 것도 할 수 없었기 때문에 그의 선택은 제한적이었다. 루카스는 그에게 다음과 같은 상상의 선택을 제안했다.

　"두 사람이 어떤 상황에서도 서로 함께 있기로 약속했음에도 둘 중 하나가 약속을 깨고 떠났습니다. 아마도 떠난 사람은 쾌감을 느끼고, 남은 사람은 고통을 당해야만 합니다. 그러나 떠난 사람은 약속을 저버린 것에 대한 죄책감을 느낍니다. 반면에 남은 사람은 투명한 양심을 지킬 수 있습니다. 만약 당신이 무엇을 선택을 한다면, 고통과 투명한 양심 그리고 쾌감과 죄책감 중에서 어느 쪽을 선택할 것입니까?"

　내담자는 현재 자신의 역할 즉, 뒤에 남겨진 사람의 역할을 택하기로 결정했다. 만약 두 사람 중 하나가 고통을 겪어야만 한다면 그는 자신이 고통받을 준비가 되어 있고, 그 고통이 약속을 지키는 대가였다면 완전히 의미 없는 것으로 보지 않는다고 말했다. 이것은 그가 운명을 받아들이고 용기있게 자신의 고독을 참아내는 시작이었다.

- 다운 증후군을 가진 아동을 수용하는 것에 대한 태도

루카스의 친구 중 한 명은 의사이며 종교적 신심이 깊은 기독교인이었는데 아이가 다섯 명이었다. 그 친구의 막내 아이는 다운 증후군을 갖고 태어났다. 그는 자신이 갖고 있는 의학적 지식으로 그 아이를 치료할 수 없다는 사실에 충격을 받았다. 그러나 그는 의미 있는 응답을 찾았다.

"아내와 나는 하나님께서 이 장애가 있는 자녀를 누구에게 보낼 것인지 숙고해서 우리를 가족으로 결정하셨음을 알았습니다. 왜냐하면 하나님이 우리에게 이 자녀에게 필요한 만큼의 사랑과 보호를 해 줄 수 있는 능력을 신뢰했기 때문입니다. 우리는 하나님이 우리를 신뢰해주신 것에 대해 감사하고, 우리가 그것을 받을 만한 자격이 있다는 것을 보여주기 위해 노력할 것입니다."

- 비극에 직면하는 태도

반스 박사는 네 번째 생일 하루 전에 어린 딸이 사고로 사망한 한 가족에 대한 이야기를 하였다. 그는 그들이 이야기하고자 했던 상황을 알고 있었다. 슬픔에 빠진 어머니, 아버지 그리고 13세 오빠가 그 비극적인 날에 대해 말해 주었다.

어머니는 이웃집 부인과 함께 아이의 생일 케이크 구울 재료를 준비하기 위해서 시장에 가려고 했다. 그런데 어머니가 지갑을 찾고 있는 사이 어린 딸이 후진하는 차에 치였다. 그녀는 비명을 지르며 아이에게 달려가서 두 팔로 아이를 들어 올렸다. 귀, 코, 입, 온 몸에서 피가 흘러 나왔다. 아이는 말할 수 없었지만 숨을 쉬고 있었고, 엄마를 바라보고 있었다. 그 후 그녀는 피 흘리는 장면이 마음속에서 떠나질 않았다. 밤에 잠을 자러 갈 수조차 없었다. 그녀는 자신이 딸아이가 피를 흘리면서 죽어가고 있는 모습을 보아야 하는 이유를 알 수 없었다. 자신이 왜 이런 고통을 당해야 하는지 원망스러웠다.

반스 박사는 그녀에게 다음과 같이 이야기해 주었다.

"당신의 고통에 대해 매우 유감스럽게 생각합니다. 진심으로 나는 당신의 귀한 아이를 잃은 것에 대해 마음이 아픕니다. 그 피를 보아야만 했고, 그런 기억을 갖고 살아야만 하는 사람이 당신이라는 것이 유감입니다. 그러나 마지막 삶의 순간에 딸을 안았던 사람이 당신이었다는 사실이 다행이라고 생각해요. 딸은 당신을 통해 왔다가 하늘에 계신 아버지에게 돌아가기 전에 엄마의 팔 안에 있다는 것을 알았을 겁니다. 딸은 더 이상 말을 할 수 없었지만 볼 수는 있었습니다. 딸이 마지막 숨을 쉴 때 자신을 잡아준 사람이 낯선 사람이 아니었다는 것이 다행입니다. 딸이 어머니 팔에 안겨 있다는 것을 알았다는 것이 감사합니다."라고 말했다.

그녀는 "반스 박사님, 저는 그런 식으로 생각하지 못했어요. 저는 딸이 죽어갈 때 그 아이를 발견하고 잡아준 사람이 낯선 사람이 아니라서 기뻐요. 제가 그 사람이 될 수 있어서 감사해요. 그 일을 이런 식으로 보게 되면서, 이제 저는 제 기억을 갖고 살 수 있게 되었어요."라고 말했다.

함께 생각합시다.

※ 태도수정이 당신의 내적 평화를 회복하는 데 도움이 된다는 사실을 알고 있습니까?
※ 직관적으로 태도수정 기법을 적용했을 때의 삶의 경험이 있습니까?

제11장

소크라테스 대화

소크라테스 대화

소크라테스 대화는 훌륭한 교사의 역할과 마찬가지로 학생이 자아를 발견하고 자기 자신에 대한 진실한 평가를 할 수 있도록 도와준다. 이 대화는 비판적인 질문과 반성을 통해 지식과 지혜에 도달하는 것을 목표로 한다. 소크라테스는 학생들이 직접적인 교육보다는 대화를 통해 내면에 내재된 지식과 지혜를 깨우치게 하는 방법을 개발하였다.

의미요법과 전통적 심리치료는 모두 무의식적인 내용을 의식적인 자각의 수준으로 가져오는 것을 목표로 한다. 의미요법은 무의식을 본능적 충동의 저장소뿐 아니라 영적인 갈망의 저장소로 간주하여 이를 의식적으로 표현하고 반성하도록 돕는다. 우리의 영적인 갈망을 의식적으로 이해하고 다루는 것은 실존적인 공허와 영적인 신경증을 예방하고 치료하는 데 매우 중요하다.

의미요법에서 소크라테스 대화를 통한 자아발견은 내담자

가 자신의 영적인 무의식과 접촉하고 자기 자신을 진실하게 평가하며 잠재력과 선호하는 방향, 가장 깊이 내재된 의미 지향성을 인식하도록 돕는다. 우리는 어린 시절부터 타인의 인정과 수용을 받기 위해 가면을 쓰고 죄책감을 피하기 위해 억압할 수도 있다. 소크라테스 대화는 이 가면 아래에 있는 진짜 자아를 발견하도록 도와준다.

의미요법에서 상담사는 내담자를 동반자로 취급해야 한다. 상담사는 내담자의 자기 파괴적인 태도에 도전할 의무가 있지만, 이를 항상 공감적으로 행해야 한다. 상담사와 내담자의 만남은 적대적이거나 부정적인 것이 아니라 내담자가 좌절감과 공허감을 벗어날 수 있는 길을 공동으로 찾아가는 것이다.

소크라테스 대화는 내담자와 상담사 사이의 갈등으로 시작될 수 있지만, 이는 독특성, 선택, 책임, 대처능력, 자기분리, 자기초월에 대한 공유된 갈등으로 이어진다. 소크라테스 대화는 인생에서 더 깊은 의미를 실현하기 위한 방안이다.

소크라테스 대화는 내담자의 생각을 확장하고 그들의 인식을 넓히기 위해 주의 깊은 경청과 질문을 통해 이루어진다. 이를 위해서는 질문이 내담자의 생각의 둘레를 찾고, 질문이 너무 좁거나 범위를 벗어나지 않도록 주의해야 한다. 소크라테스 대화의 규칙은 다음과 같다.

- 질문은 생각을 확장시키는 목적을 가지며, 구체적이어야 한다.
- 질문은 폐쇄적이지 않고 개방적이어야 한다.
- 질문은 감정 중심이 아닌 사고 중심이어야 한다.
- 질문은 현재 또는 과거에서 시작하여 미래로 나아가도록 이어져야 한다.
- 질문은 자기발견, 선택, 유일성, 책임, 자기초월, 욕구와 가치의 명료화를 촉진하는 것을 목적으로 한다.

소크라테스 대화는 내담자와 함께 이미지나 핵심 문장을 창조하여 의미를 부여하며, 내담자가 상담실을 떠난 후에도 계속해서 생각하게 만든다. 이러한 대화는 내담자의 인식을 확장하고 의미 추구 행동을 증진시킬 수 있다.

루카스를 찾아온 여성은 사랑하는 사람들에 대한 연민으로 인해 우울증에 시달리고 있는 상태였다. 루카스는 그녀의 생각을 자극하기 위해 다음과 같은 질문을 했다. "당신은 꽃들 사이에 서서 씨앗에 물을 주었습니다." 이에 그녀는 웃으면서 "그게 바로 내가 하고 있는 일이군요."라고 말했다. 이를 바탕으로 루카스는 계속해서 "왜요? 왜요?"라고 물어보았고, 그 결과 그녀는 "그것이 내가 당신을 찾아온 이유입니다. 당신은 꽃에 물을 주고 있고, 나는 씨앗에 물을 주고 있군요."라고 말했다. 이 대화를 통해 의미를 발견했고, 그녀는 그것을 계속 생각하게 되었다.

또 다른 예시로는 프랭클과의 대화가 있다. 나이가 든 개업 의사가 아내의 죽음으로 인해 극심한 우울증에 시달리고 있었다. 프랭클은 직접적으로 아내의 죽음과 관련하여 질문하지 않았지만, 다음과 같은 질문을 통해 그의 인식을 바꾸도록 자극했다. "박사님, 만약 당신이 먼저 죽어야 했고, 아내가 당신을 살려야 했다면 무슨 일이 일어났을까요?" 이에 그는 아내가 얼마나 고통을 받을지를 생각하며 말했습니다. 프랭클은 이를 토대로 아내에게 고통을 면하게 해준 것은 바로 그 자신이라고 말했다. 이 질문을 통해 고통 속에서 희생의 의미를 발견한 순간, 그의 고통은 더 이상 고통으로 느껴지지 않았다.

소크라테스 대화는 '나와 너'의 관계로서 내담자와 상담사 간의 의미를 추구한다. 위에서 제시한 예시들은 소크라테스 대화의 사용 사례로서, 내담자의 생각을 넓히고 의미를 찾기 위해 질문을 활용한 것이다.

- 기본적 신뢰 회복하기

파브리는 제임스 요더와 프레드라는 청년의 소크라테스 대화 일부를 소개했다. 이 내담자는 무가치감과 고통을 겪고 있었으며, 꿈에서는 가슴 속의 발전소에 매달려 있는 은색 전선을 보았다. 아래의 예시는 소크라테스 대화에서 꿈, 목표, 대화의 단편들에서 긍정적인 구절을 강조하고, 이를 어떻게 활용하여 내담자가 그 구절들을 의식하고 회복할 수 있는지를 설명하고 있다.

프레드 : (실망에 가득한 자신의 삶에 대해 이야기한 후) 저는 때때로 단계를 밟는 것이 두렵습니다. 그것이 의미가 있는지 아닌지 확신이 없습니다.

요　더 : 당신의 과거를 살펴봅시다. 만약 당신의 과거가 거미줄처럼 얽혀있다면 (프레드는 그러한 표현을 사용했다), 그 얽힌 거미줄은 어떤 종류일까요? 제 생각에 당신의 삶은 성취, 경험, 관계와 같은 보석들로 가득 차 있는 것 같습니다.

프레드 : 네, 맞습니다.

요　더 : 아무도 그 보석들을 당신에게서 빼앗아갈 수 없습니다. 그런 보석으로 가득 찬 당신의 과거를 바라보며 무엇을 배울 수 있을까요?

프레드 : 제 기분은 상하고 황폐해보이지만, 저는 배웠습니다. 일부가 회복되고 있으며, 미래에서 다른 기회를 맞이할 준비를 하고 있습니다. (프레드는 프랭클이 강제수용소 경험에 대해 쓴 글을 읽은 사실을 언급했다.)

프레드 : 그 글을 읽은 후 일주일 내내 프랭클의 말에 대해 생각했습니다.

요　더 : 지금은 어떤 생각을 하고 계신가요?

프레드 : 비관적인 사람으로 자신을 생각했습니다. 정서적으로나 영적으로 살아남지 못한 사람 중 한 사람으로 생각했습니다. 하지만 그것은 사실이 아닙니다. 아직 희망이 남아있습니다. 제가 영적으로 활동하지 않은 90%의 사람 중 한 명이자, 제 형제들을 팔아먹은 사람이지만, 일부는 타협하지 않았고, 제가 여전히 살아있다는 사실은 누구나 살아남을 수 있다는 것을 프랭클이 증명해주고 있습니다.

요 더 : 희망에 대해 이야기해 보세요. 저는 여전히 당신에게 희망이 있다는 이야기를 들었습니다.

프레드 : 네, 그렇습니다. 제 자신을 실패한 사람으로 보려고는 하지 않았습니다. 하지만 그럼에도 불구하고, 저는… (거부와 함정에 빠지는 이야기로 돌아간다.)

요 더 : 프랭클이 말했듯이 모든 사람은 자신의 강제 수용소를 갖고 있습니다. 당신과 당신의 위기, 당신의 희망에 대해 이야기해 주세요. 오늘 여기에 앉아 당신의 고통과 선택의 자유에 대해 이야기하고 있다는 사실, 그리고 희망에 대한 당신의 언급 자체가 당신이 살아남았다는 것을 보여줍니다.

프레드 : 음, 그렇습니다. 어떻게 나갔을까요? 어떤 사람들은 저를 돌봐 주었죠.

이 대화 이후, 프레드는 자신을 돌아보는 사람과 이 꿈에 대해 이야기했다. 요더는 자신이 어떻게 삶을 살고 싶어하는지를 보여주었다. 요더는 이 대화가 전환점이라고 말했다. 프레드는 더 긍정적인 시각으로 자기 자신을 바라보게 되었다. 요더는 소크라테스 대화에 대한 자신의 의견을 다음과 같이 요약했다. "내담자는 항상 자신의 고통 속에서 긍정적이고 용기 있는 태도를 가졌다고 확신한다. 프레드가 이 대화를 통해 무의미함과 우울감을 넘어 회복하는 과정을 잘 따라가고 있다는 것을 알았다."

- 비탄 상담

타카시마 박사는 최근에 딸을 잃고 우울증과 불안으로 시달리는 50세 부인과 상담을 했다. 우울증을 알고 있는 중에 그녀는 자살을 시도했다가 더 심한 우울증이 되었다. 타카시마는 그녀와 다음과 같은 대화를 가졌다.

타카시마 : 만약 딸이 살아 있다면 누가 고통을 겪을까요?
부인 : 제 딸입니다.
타카시마 : 여전히 딸을 사랑하십니까?
부인 : 예, 무척 사랑해요.
타카시마 : 딸이 살아 있다면 당신은 그녀 대신 기꺼이 고통 받을 용의가 있습니까?

부인 : 물론, 저는 기꺼이 고통을 당할 것입니다.

타카시마 : 그러나 딸은 이미 죽었고, 고통을 겪을 수 없습니다. 누군가가 고통을 겪는다면 당신은 딸 대신에 고통을 겪을 수 있을 겁니다. 예를 들어 보겠습니다. 고통이 물과 같다고 가정해 봅시다. 당신은 지금 물에 빠져 익사할 수 없음에도 불구하고 자기 스스로를 구하려고 애쓰고 있습니다. 맞나요?

부인 : 간단하게 대답할 수 없군요.

타카시마 : 그러나 고통이라는 물 속에 당신은 익사 대신에 수영을 할 수 있습니다. 그렇지 않나요?

부인 : 예, 그건 그러네요.

타카시마는 다음과 같이 덧붙였다. "이 단순하고 교육받지 못한 여성은 고통이 의미가 있음을 이해할 수 있었으며, 그것을 받아들였다. 그녀는 고통에 대한 그녀의 태도, 즉 부정적이고 자기 파괴적인 태도에서 긍정적이고 건설적인 태도로 바꿨다. 그녀와 남편은 손을 잡았다. 그녀는 자신의 지혜, 즉 의미 지향과 자유로운 결정으로 스스로를 치료하였다."

- 운명을 받아들이기

다음은 프랭클과 80세 여성 노인인 코텍 부인 사이에서 나온 대화이다. 그녀는 치유할 수 없는 암으로 고통을 받으며 우울증에 시달렸다. 이 대화에서 강조해야 할 점은 '우리가 과거에 축적한 것들은 결코 빼앗길 수 없다는 사실'이라는 점이다. 이는 우리가 안전하고 소중하게 보관한 것들은 필요할 때 언제든지 찾을 수 있다는 지혜를 설명하는 것이다.

프랭클 : 삶을 돌아보면 어떤 생각이 드십니까? 살 만한 가치가 있나요?

코　텍 : 사실, 박사님, 저는 좋은 삶을 살았다고 말할 수 있습니다. 제 삶은 멋진 경험들로 가득했고, 삶이 제게 주었던 모든 것에 감사해야 합니다. 프라하에서 시작해 비엔나에서 수십 년간 가정부로 일하면서 가족과 함께 극장에 가기도 하고 음악회에도 참석했습니다. 그 모든 멋진 경험들에 대해 저는 하나님께 감사드립니다(하지만 프랭클은 여전히 그녀가 자신의 삶의 궁극적인 의미를 의심하고 있다는 느낌을 받았다. 그녀는 자신의 의심을 표현하는 대신 의식적인 수준에서 삶의 의미에 대한 답변을 했다).

프랭클 : 그래도 결국 이 모든 것은 끝나게 됩니다. 그렇지 않나요?

코　텍 : (생각에 잠기며) 네, 모든 것은 끝나게 됩니다.

프랭클 : 그렇다면, 이제 이 모든 멋진 경험들은 사라질 수 있다고 생각하십니까?

코　텍 : (여전히 생각에 잠겨) 모든 멋진 것들이…

프랭클 : 하지만 말해보세요. 누군가가 당신이 경험한 행복을 취소할 수 있다고 생각하십니까? 누군가가 그것을 지울 수 있을까요?

코　텍 : 아니요, 박사님, 아무도 그것을 지울 수 없습니다!

프랭클 : 그렇다면, 누구든지 당신의 삶에서 좋은 일들을 지울 수 있을까요?

코　텍 : (감정적으로 점점 몰입하며) 아무도 그것을 지울 수 없어요!

프랭클 : 그렇다면, 당신이 성취하고 얻어낸 것들은요…

코　텍 : 아무도 그것을 지울 수 없다는 거죠!

프랭클 : 그렇다면, 당신이 고통을 겪으며 용감하게 이겨낸 것은요? 누구든 그것을 사라지게 할 수 있을까요? 다시 말해서, 성취물을 저장해 놓은 과거에서 그것을 지울 수 있을까요?

코　텍 : (이제 눈물을 흘리며) 아무도 그것을 지울 수 없습니다! (잠시 침묵한 후) 실제로 저는 중요한 사건들을 통해 많은 고통을 겪었습니다. 하지만 제가 하는 일에 대한 용기와 결단력을 갖기 힘들었어요. 박사님도 알겠지만, 저는 그 고통을 가치 있는 것으로 여겼습니다. 저는 하나님을 믿습니다.

프랭클 : (스스로 코텍 부인의 입장이 되려고 노력하며) 그러나 고통은 도전이 될 수도 있지 않을까요? 하나님이

아나스타샤 코텍이 어떻게 이를 이겨낼 수 있는지 보고 싶어 하실지도 모르겠습니다. 아마도 하나님은 "그래, 그녀는 정말 용감했어."라고 말씀하실 것입니다. 그렇다면 이제 제게 말해보세요. 누구든 세상에서 그런 성과를 지울 수 있을까요, 코텍 부인?

코 텍 : 확실히 아무도 할 수 없습니다!

프랭클 : 그것은 여전히 남아있습니다. 그렇지 않나요?

코 텍 : 맞습니다!

프랭클 : 삶에서 중요한 것은 무엇을 성취하는 것입니다. 그리고 그것은 정확히 당신이 해온 일입니다. 당신은 고통을 이겨내기 위해 최선을 다했습니다. 당신의 고통에 대한 대응 방식 때문에 우리 내담자들에게 좋은 본보기가 되었습니다. 당신의 이런 성과를 축하드립니다. 그리고 그런 본보기를 목격할 수 있는 다른 내담자들에게도 축하의 말씀을 전하고 싶습니다. (청중에게 말하며) 이 분을 보십시오! (청중들의 박수와 환호가 쏟아졌다) 코텍 부인, 이 박수와 환호는 당신을 위한 것입니다.

(그녀는 울기 시작했다) 코텍 부인, 당신의 삶에 위대한 성과가 있습니다. 당신은 자랑스러워할 수 있습니다. 자신의 삶에 자랑할 수 있는 사람이 얼마나 될까요? 제 생각에는 당신

의 삶은 기념비와 같습니다. 그러므로 아무도 그것을 세상에서 지울 수 없습니다.

코　텍 : (자신의 감정을 다시 조절하며) 프랭클 교수님, 당신의 말은 위로가 됩니다. 당신의 말은 저를 위로합니다. 실제로 이런 말을 들어본 적이 없었습니다(그녀는 천천히 강연장을 떠나갔다).

　1주일 후, 그녀는 죽었다. 그러나 인생의 마지막 주 동안 그녀는 우울하지 않았고, 오히려 믿음과 자부심으로 가득했다. 이전에는 자신이 쓸모없다고 느끼며 괴로워했던 불안감이 사라진 것이다. 이 대화를 통해 그녀는 자신의 삶이 의미가 있었고, 그동안의 고통이 헛되지 않았다는 사실을 깨달았다. 그녀의 마지막 말은 다음과 같았다. "나의 삶은 하나의 기념비입니다." 그래서 프랭클 교수는 청중과 강연장에 있는 모든 학생들에게 말했습니다. "나의 삶은 헛되지 않았습니다."

함께 생각해봅시다.

※ '의미요법은 무의식을 본능적 충동의 저장소뿐 아니라 영적인 갈망의 저장소로 간주하여 이를 의식적으로 표현하고 반성하도록 돕는다.'는 말의 의미를 나누어 봅시다.

※ 소크라테스 대화에서 질문의 규칙은 무엇인가요?

제12장

이야기 의미요법

이야기 의미요법

　이야기 의미요법은 상담사가 주의 깊은 경청과 반영을 통해 의미를 찾으려는 내담자의 의지를 인식하고 도울 수 있으며, 어떻게 의미를 찾을 수 있는지 안내해 줄 수 있다. 상담사가 치료적 대화를 통해서 내담자의 의미추구의 의지를 찾을 수 있도록 돕는 몇 가지 '핵심기술'이 있다. 루카스에 따르면 그것은 핵심단어의 사용, 신중한 차별화, 순진한 질문, 상징과 은유의 사용, 의미 가능성의 설명, 소크라테스 대화이다. 이중 소크라테스 대화는 앞에서 다루었다.

1. 핵심단어의 사용

　이 기법은 상담사가 내담자의 말을 주의깊게 경청해야 한다. 내담자의 말을 주의 깊게 경청하면 그들이 원하는 것의 깊이와 단서를 식별할 수 있으며, 단어의 인지적 의미를 넘어 그것의 영적인 의도가 무엇인지 들을 수 있다.

핵심단어를 포착하려면 내담자가 이야기하는 것에 대해 공감적 경청과 내담자의 말을 요약해 주어야 한다. 이런 일은 상담사에게 주의력과 집중력을 요구한다. 또한 직관력이 필요한데, 이는 대화에서 나오는 주요 개념을 분명하게 인식하게 한다. 다음의 사례는 핵심단어를 인식하게 한다.

- 의미 추구

30세 정도 되는 한 여성은 기분변화가 심하고 무감동한 상태가 되었기 때문에 정밀한 건강검진을 받았다. 검진 결과 신체 건강이 양호하다고 의사가 말했을 때, 그녀는 예상치 않은 반응을 보였다. 만약 자신이 건강해서 아무도 도와줄 필요가 없다면 자살하는 편이 낫다고 소리친 것이다. 의사는 그녀를 상담센터로 보냈다. 그녀는 자신의 부정적인 태도에 대한 이유를 설명할 수 없었다. 그녀는 "나는 잘 지내고 있지만 살아가는 것이 재미가 없어요."라고 말했다. 루카스가 그녀에게 "당신은 항상 잘 지냈습니까?"라고 물었다. 그녀는 잠시 동안 생각한 후 그녀는 부모가 이혼했을 때 고등학교를 중퇴해야만 했고 미성년이 다니는 직장을 찾았다고 했다. 하지만 포부가 있었기 때문에 고등학교 졸업장을 받으려고 야간학교에 다니며 일했다고 말했다. 그녀는 공무원이 되어 양심적으로 일했으며, 최고 수준의 연금을 받는 종신직 공무원이 되었다. 루카스는 "무관심이 시작될 때가 이 시기였습니까?"라고 물었다. 그녀는 그럴 것이라고 했다. 루카스는 이렇게 말해 주었다. "그러면 나는 당신이 무엇을 필요로 하는지 알고 있다고 생각합니다. 당신은 평생 포부가 있었고, 지금 갑자기 목표에 도달해서 더 이상 발전해 나갈 수 없습니다. 그러나 당신은 아직 정신력이 너무 강해서 새로운 도전과 새로운 활동 영역이 필요합니다. 잘 지내는 것만으로는 충분하지 않습니다. 현상 유지는 인간의 본성을 만족시키지 못합니다."

그 여성은 주의 깊게 경청하였고, 더 이상 무관심하지 않았다. 그녀가 말했다. "내가 필요한 것은 목표입니다. 당신이 말했듯이 나는 그것이 사실이라는 것을 알고 있어요. 이 상담에서 나는 당신이 내 어린 시절 전체를 분석하고 부모님의 이혼으로 인한 나의 어려움을 추적할 것이라고 생각했어요." 두 사람은 웃었고, 얼음이 깨지듯 관계가 회복되었다.

- 두려움에 직면하기

신앙심이 좋은 한 여성은 어느 날 남편이 퇴근 후 집에 들어오지 않을지도 모른다는 공황적 두려움을 느꼈다고 말했다. 상담사는 그녀의 두려움을 중심으로 한 대화를 나눈 후 그녀에게 위안을 주는 핵심공식을 내놓았다. 그녀는 불안감을 느끼기 시작할 때마다 혼자 다음과 같은 것을 반복하기 시작했다. 그 공식은 "그가 집으로 돌아오거나, 혹은 하나님의 집으로 가거나, 두 경우 모두 안전할 것이다."라는 것이었다.

이 공식은 그녀에게 여전히 두려움이 있었지만 다른 시각을 갖도록 하는 데 도움을 주었다.

2. 신중하게 구별하기

치료적 대화에서 필수적인 요인은 상담사가 훌륭한 경청자가 되는 것이다. 그래야 상담사는 내담자에게서 듣는 것을 요약할 수 있고, 그 이야기가 의미하는 것과 그것의 영향, 장점, 단점을 신중하게 구별할 수 있도록 질문을 할 수 있다. 상담사는 어떤 문제를 여러 관점으로 바라보고, 과잉 일반화에 대해 주의를 기울이고 경계해야만 한다. 상담사는 "이것이 정말 그렇습니까?"라고 질문할 수 있다. 상담사는 누군가가 실제로 말한 것과 그것에 대한 해석, 실제로 일어난 일과 그것에 대한 해석뿐 아니라 기대와 현실, 비교와 대조를 구별해 내는 것이 목표가 된다.

- 사실을 확인하기

(어떤 학생과의 대화의 일부)

여학생 : 저는 우울해요. 삶이 즐겁지 않아요.
상담사 : 우울한 이유가 있나요?
여학생 : 제 성적이 형편없어요.
상담사 : 성적을 올릴 수는 없나요?

여학생 : 예, 더 열심히 공부해야 해요.
상담사 : 왜 안 하시죠?
여학생 : 그럴 기분이 아닙니다.
상담사 : 무엇이 학생을 불행하게 하나요?
여학생 : 형편없는 학점.
상담사 : 아니에요.
여학생 : 충분히 열심히 하지 않은 것?
상담사 : 아니에요.
여학생 : 공부하고 싶지 않은 것?
상담사 : 그것도 아닙니다.
여학생 : 그러면 무엇이죠?
상담사 : 자기 자신이 의미 있고 필요하다고 생각하는지, 자기 기분에 따라 하는지가 공부의 양을 결정하게 되는 것이죠.

- 관점 갖기

한 중년의 여교사는 직장에서 힘든 하루를 보낸 후 우울증 증상을 호소했다. 그녀는 남편과의 관계가 오랜 시간이 지났어도 서로 통하는 점이 없어서 고통스럽다고 했다. 남편은 퇴근 후 집에 와서 대개 자기가 좋아하는 일만 하였다. 그녀는 남편에게 거리감이 느껴졌으며 남편과 헤어지고 싶다고 말했다. 상담사는 그녀에게 남편의 입장이 되어 일과 후에 일어나는 일을 말하도록 요청했다. 그러자 그녀는 갑자기 새로운 통찰력을 얻었다. 그녀는 남편이 결혼하기 전 이민자였으며, 그들이 함께 할 수 있다는 것과 그녀가 남편에게 사랑 고백을 했다는 것이 그에게 얼마나 많은 의미가 있는 것인지를 상기했다. 그녀는 남편과 이야기했고, 서로의 감정을 표현하는 시간을 가졌다. 그녀는 남편에게 자신이 필요하다는 것을 깨달았고, 그녀를 감사하게 여기고 있고, 그녀를 여전히 아름답고 사랑스럽게 생각한다는 사실을 알아차렸다.

그녀는 이러한 통찰을 통해 이전의 모든 불만이 사라진 것은 아니지만, 남편을 사랑해야겠다고 결심하였고, 남편을 적극적으로 지지하는 아내로 남아있고 싶다고 했다. 그때부터 그녀는 남편과의 친밀감에 대해 걱정하지 않았다. 그녀는 남편이 자신에게 화나게 한 일을 생각할 때마다, 남편의 입장이 되어 생각하기로 했다. 이 방법은 그녀에게 즉각적으로 판단하지 않고 남편을 이해하고 사랑하도록 도왔다.

3. 순진한 질문

순진한 질문은 내담자가 불안, 불안정, 그리고 때때로 자기 연민에 가득 차 있거나 혹은 다른 사람의 생각에 영향을 받아 독립적인 사고를 하기 어려울 때 사용하는 질문의 한 형태이다. 상담사는 순진한 질문을 통해 내담자가 자신의 태도나 사고방식이 건강에 해롭거나 위험하다는 사실을 알게 하며, 내담자가 실제로 생각하는 것을 명료하게 한다.

 상담사는 외관상으로 내담자의 태도를 수용하려고 하며, 일시적으로 자신을 내담자의 준거 틀 속에 넣는 것으로 보인다. 질문은 내담자의 건실하지 못한 태도를 긍정적으로 보이게 하므로 내담자를 놀라게 할 수 있다. 상담사는 순진한 질문에 이어 반대 질문을 하는데 이는 내담자를 혼란스럽게 만들어서 내담자의 고착된 태도에 관한 상담사의 입장을 분명하게 해준다. 순진한 질문의 장점은 상담사에 대한 내담자의 저항이 내담자 자신과 상담사, 그리고 상황에 대해 불편한 감정을 갖도록 만든 주제를 외적 대화로 전환시킬 수 있다는 점이다.

- 비합리적 죄책감 해결하기

X부인 : 저는 제 딸에게 많은 죄책감을 느낍니다.

상담사 : 무슨 의미인가요?

X부인 : 제 딸이 어렸을 때 늘 따뜻하게 해주었기 때문에 기관지염에 걸린 것 같아요.

상담사 : X부인, 그것은 죄책감의 이유가 아니잖아요!

X부인 : (고착된, 건실치 못한 태도에 기초한 저항)
아, 그래요. 그건 제 실수죠. 딸이 감기에 걸리지 않았지만 자주 아팠어요. 저는 결코 좋은 엄마가 아닙니다.

상담사 : 당신은 겨울에 항상 따뜻하게 해주려고 옷을 입힌 거잖아요.

X부인 : 예, 그렇게 했죠.

상담사 : (순진한 질문) 그래서 당신은 딸이 기관지염에 걸리기를 원했습니까?

X부인 : 아~ 아니요. 그렇게 되기를 원하지 않았죠!

상담사 : 당신은 딸이 아프기를 원하지 않았군요? 당신은 무엇을 원했나요?

X부인 : 나는 딸이 건강하게 자라기를 원해서 따뜻하게 옷을 입혔죠.

상담사 : (반대 질문) 당신이 딸에게 가령 겨울에 목도리와 모자도 주지 않고, 2월에 양말을 신기지 않고 샌들만 신게 하는 등 부주의하게 옷을 입혔다고 가정해 보세요. 그리고 나중에 딸이 그러한 성향을 가졌기 때문에 기관지염에 걸렸다고 해 봐요. 그렇다면 그것이 당신의 잘못일지도 모른다는 생각이 들었을 것입니다.

X부인 : (당황하여) 잘 모르겠네요. 어쩌면 저는 딸을 충분히 따뜻하게 옷을 입히지 않았기 때문에 죄책감을 느꼈을 거예요. 예, 저는 목도리와 모자가 없었다면 저 자신을 비난했을 겁니다.

상담사 : (순진한 질문) 그러면 어떤 경우가 당신의 잘못인가요?

X부인 : 당신은 최선을 다하는 것이 무엇인지 모르시죠? 그렇죠?

상담사 : (순진한 질문) 그러나 당신 생각에 당신이 최선을 다했는데도 여전히 스스로를 비난해야 합니까?

X부인 : 아니요. 만일 어떤 사람이 최선을 다했다면 자신을 비난할 수 없겠지요.

상담사 : (정상적) 맞아요, X부인, 우리의 잘못은 의도에 의해 측정됩니다. 당신은 실제 모든 질병에 대해 비난하는 것 같아요. 당신은 딸이 건강해지기를 원했어요.

X부인 : 그러면 제 잘못은 그렇게 대단한 것이 아니네요. 나는 누구든 아프기를 원하지 않아요.

상담사 : 그러면 우리는 당신이 기관지염으로 비난받을 수 있는 것이 아니라 보통 운명적으로 아픈 것이라는 것에 동의했습니다.

X부인 : 예, 그렇습니다. 그렇게 생각하니 기분이 나아지네요.

- 양가감정 해결하기

시칠리아 출신 이주노동자인 마리아는 어린아이 하나를 둔 미망인이었다. 그녀는 뮌헨에 있는 피자가게에서 직장을 제의받자 받아들였다. 시칠리아에서 뮌헨으로 이사한다는 것은 아들을 남겨 두어야만 하는 것이고, 아들을 친척들에게 맡겨야 한다는 의미였다. 우선 그녀는 시칠리아에서 직업이 없었기 때문에 적극적으로 이 기회를 잡으려 했다. 그러나 뮌헨에 도착하자 그녀는 자신의 결정에 대한 회의가 들었다. 그리고 일을 하지는 않고, 집에서 어떻게 해야 할지 울면서 지냈다.

상담사는 그녀가 무엇을 해야 할지를 조언하는 대신에 그녀 생각에 무엇이 현명한지를 명확하게 하는 질문을 하였다. "실제로 당신이 뮌헨의 파자가게를 선택하게 된 이유가 무엇인가요?" 그녀는 시칠리아에서 오랜 실직상태에 있었고 아들이 좋은 교육을 받고 나중에 좋은 직장에 들어갈 수 있게 하려고 돈을 벌려고 했다고 설명했다. 상담사는 만일 곧 시칠리아로 돌아간다면 아들을 위해 무엇을 할 수 있을 것 같으냐고 물어보았다. 그녀는 "많은 것을 못하겠죠. 저에게는 말할 것도 없이 아들에게도 많은 것을 줄 수 없을 겁니다." 상담사는 다른 질문을 하였다. "당신의 존재도 역시 아이에게 매우 소중하지 않나요?" 그러자 마리아는 대답했다. "예, 하지만 그것은 대체할 수 있어요. 제 어머니가 아들을 잘 보살펴 줄 것이고, 아들은 조부모, 고모, 사촌들과 잘 지냅니다."

이 대화는 마리아가 뮌헨에 거주하는 것이 더 좋다고 믿었던 사실을 명확하게 해 주었다. 아들에 대한 그녀의 사랑에 비추어 볼 때, 그녀의 희생은 그녀가 하는 모든 일과 마찬가지로 그녀가 벌었던 모든 돈은 아들을 염두에 두고 모았다는 의미를 갖게 했다. 대화를 통해 아들을 진심으로 사랑하는 어머니로서 아들이 더 나은 삶을 누릴 수 있도록 자신의 고난을 받아들이기로 했다는 사실이 분명해졌다.

4. 상징과 은유의 사용

직유, 상징, 은유는 의미요법에서 폭넓게 사용된다. 그것들은 쉽게 기억될 수 있고, 쉽게 회상할 수 있으며, 유사한 상황에서 사용할 수 있기 때문이다. 역할연기와 극화(劇化)는 내담자가 자신을 객관적으로 보도록 하고, 자신의 철학적 능력과 다른 사람과의 관계에 대한 자신감을 강화하는 데 도움이 된다.

예를 들어, '불안'의 경우에 누구나 그것에 하나의 이름-불안 씨-을 붙여 불안을 외부화할 수 있다. 그리고 불안감을 상상하거나 그려보거나 이야기하게 한다. "여기 불안 씨가 다시 오셨습니다. 우리는 그가 잠시 들어올 수 있게 허용할 것인가? 아니면 그가 오늘 대기실에 기다려야 한다고 말할까요? 그가 오늘 어떻게 할 것 같습니까? 그는 어제 이후로 좀 변화가 있습니까?"

비유는 구체적인 것과 추상적인 것을 구별 짓게 하며, 구체적인 것에서 추상적인 것으로 발전시키거나, 다시 구체적인 것으로 돌아오게 하는 데 도움이 된다.

은유를 사용함에 있어 누구나 쉽게 비유를 하고 내담자가 상상의 자원을 사용토록 하기 위해 일상적인 대상, 식물 또는 동물에 의존할 수 있다. 중요한 것은 내담자에게 의미 있고(바람직하기에는 내담자가 선호하는), 단순하며, 두드러진 하나의 은유를 선택하는 것이다. 상담사와 내담자는 그들이 원하는 만큼 은유 이미지를 유지하여 새로운 통찰을 얻을 수 있다.

아메리카 인디언 내담자는 캐나다의 거친 강물 줄기를 거슬러 올라가는 연어의 이동을 회상했다. 그는 삶의 방향에 대한 그의 괴로움과 불확실성을 소용돌이치는 강물에 연어가 사로잡혀 더 높은 곳으로 올라갈 수 없는 것으로 비유했다. 물고기가 다음 단계로 '점프'하는데 자신의 모든 힘을 모으는 방법을 시각화함으로써 자신을 무력화시키는 특정 장애물을 어떻게 피해야 하는지를 배워야 한다는 것을 깨달았다. 가령, 직업을 잃게 하고 관계를 깨지게 했던 자신의 분노를 더 효과적으로 관리할 수 있는 방법을 찾았다. 그는 자신을 분노의 힘보다 우위에 두는 방법을 배우고, 자신의 에너지를 사용하여 자신이 전진해야 한다는 사실을 알게 되었다. 은유는 치료적 대화를 풍부하게 하고, 초월적이고 추상적인 진실을 내담자의 마음의 집에 더 가깝게 데리고 간다.

- 노인 우울증에서 의미의 위기 개선하기

핀토스 박사는 전 피아니스트이며 노인 여성인 에이다와의 다음 같은 대화를 보고 했다. 그녀는 심한 우울증, 근육의 변성, 방향감각 상실로 고통을 받고 있었으며 혼란 상태에 있었다. 그녀는 앞을 거의 보지 못했고 많은 고통 속에 있었다. 치료는 그녀가 약물 과다복용으로 자살시도를 한 후에 시작되었다. 상담사는 오랜 시간 동안 그녀를 치료하면서 보살펴왔다. 몇 달 동안 그녀와 정규적으로 접촉하는 과정에서 음악에 대한 그녀의 사랑을 알 수 있었다.

어느 날 에이다는 거실에서 핀토스를 기다리고 있었다. 그녀를 치료하는 동안 자신의 방이 아닌 장소에서 만난 유일한 시간이었다. '블라디미르'라는 그녀의 피아노는 거실에 있었다. 핀토스는 에이다가 말할 때 가능하면, 심지어 상황을 극화하기 위해 일어나 앉을 때조차 전례 없는 몸짓을 하며 이야기를 들었다. 대화 도중 음악의 주제가 다시 거론된다. 그녀는 '크레센도'로 끝나는 작곡과 '디미뉴엔도'로 끝나는 작곡 사이의 차이점에 대해 설명했다. 그녀의 이야기가 끝난 후 핀토스는 그녀와 다음과 같은 대화를 나눴다.

핀토스 : 어떤 식으로든 곡을 완성시키는 것은 무엇 때문인가요?
에이다 : 음… 그것은 연주의 내용과 작곡가의 의지입니다.
핀토스 : 예를 들어 작곡가가 자신의 곡을 장엄한 화음으로 끝낼 것인지 아닌지를 결정한다는 말씀입니까?
에이다 : 맞아요… 당신이 말한 대로… 만약 크레센도로 끝내면 장엄한 화음으로 마무리 됩니다.

핀토스 : 그것은 우리 인생과 비슷한 일이지 않나요?

에이다 : …

핀토스 : 사람은 자신의 삶이 디미뉴엔도로 끝낼 것인지 또는 크레센도로 끝낼 것인지를 결정해야 합니다. 우리는 세상을 '슬픔도 영광도 없이' 떠날 것인지 또는 자신의 온 힘을 기울여서 그것을 완성하고 장엄하게 떠날 것이지를 결정해야 합니다.

에이다 : …당신 말이 맞아요… 그런 것 같아요.

핀토스 : 저는 한 예술가의 삶이 모두 크레센도로 끝낼 수 없다고 믿습니다. 왜냐하면 그 예술가는 자신의 삶에 대한 답을 찾고, 작곡하거나, 발명하거나, 창조하는 사람이기 때문입니다.

에이다 : …네… 그럴 것입니다…

핀토스 : 정말… 그럴 것입니다…

    며칠 후 핀토스가 평소와 같이 그녀를 방문해서 인사를 했을 때(안녕하세요, 에이다, 잘 지냈습니까?), 그녀는 "아주 잘 지냈습니다. 삶을 생각하면서 가치 있게 살고 있습니다. 나는 쉽게 포기하지 않기로 결정했습니다."라고 말했다. 그녀의 임상 상태는 안정되었고 균형이 잡혔다. 그녀는 결정적으로 시력을 잃었다. 수개월 동안 일탈과 심각한 우울증의 순간이 있었으나 에이다의 심리 상태는 좋았다.

5. 의미-가능성을 설명하기

루카스는 "진정한 친구는 당신의 마음의 멜로디를 경청하는 사람이다. 당신이 그것을 잊어버렸을 때 당신에게 그것을 생각나게 할 수 있다."라고 했다.

의미요법에서는 의미가 결코 주어질 수 없지만 의미를 볼 수 있는 가능성이 강조된다. 이 가능성은 태도적 가치, 창조적 가치, 또는 경험적 가치에서 선택할 수 있다. 그것은 항상 가장 손쉬운 방법은 아니지만, 현실적으로 달성할 수 있는 것이어야 한다.

때때로 상담사들이 강조할 수 있는 것은 현재의 의미가 아니라 '기다려야만 하는' 미래의 의미이다. 또한 할 일이 전혀 없는 것처럼 보이는 상황도 있다. 그러나 '할 일이 없음'은 여전히 의미 있는 가능성이 될 수 있다. 피할 수 없는 상황을 수용하려면 인간 영성의 가장 영웅적인 능력을 설명하고 있는 자기초월이 필요하다.

하딘 시몬스 대학의 상담 및 인간 발달 학부 원장이며 미국에서 빅터 프랭클 연구소의 소장인 반즈 박사는 청소년기 이후 척추성 소아마비 증상으로 고통을 받아왔다. 그의 두 다리는 엉덩이로부터 마비되었다. 반스는 '피할 수 없는 고통으로부터 의미 찾기'라는 제목의 기사에서 자신의 삶의 경험을 말하면서 다른 사람들에게 결코 희망을 포기하지 말라고 용기를 준다. 희망은 삶의 모든 상황에서 이용 가능하다는 믿음과 연결되어 있다.

"나는 소아마비 백신이 사용되기 2년 전인 13세 때 소아마비를 앓았기 때문에 신체적인 큰 제약 속에 살았습니다. 나의 신체는 불구가 되었지만, 한 인간으로서 불구가 된 것은 아닙니다. 나의 몸은 병이 들었습니다. 내 정신(내 정서)은 나의 몸이 한계가 있다는 것을 수용하면서 치유를 경험했습니다. 나는 신체의 한계에 의해 제한될 이유가 없습니다. 우리의 영성은 결코 병이 될 수 없습니다. 어쨌든 영적 차원에서 나는 10대일지라도 온전한 사람이며, 창조주께서는 내 삶의 목적을 갖고 계시며, 어떤 질병도 나를 기다리고 있는 과업을 빼앗아 가지 못한다는 인식이 있었습니다. 영적인 존재로서 나는 절름발이 다리를 가졌다고 해서 조금도 위축되지 않았습니다. 사실 나는 나에게 주어진 기회가 다른 사람들에게 봉사하고 도울 기회가 되었기 때문에 나의 삶은 풍부한 의미로 가득 차 있다고 말할 수 있습니다."

종교적인 내담자를 위해 기도가 수용될 수 있다. 변경할 수 없는 상황에 직면할지라도 인내를 가지고 기다리며 인간의 독창성과 비대체성을 깨닫는 것이 지혜이다. 이 경우 의미요법의 언어는 결코 강요하지 않으며, 명령하거나 요구하지도 않는다. 의미 가능성은 솔직하게 논의되는 경우가 많지만 항상 정중하고 존중하는 태도를 지녀야 한다. 프랭클은 제안하거나, 사물을 바라보거나, 반응하는 방법의 말문을 열기 위해 "그것이 가능할 수 있나요?" "그것이 가능할까요."라는 표현을 사용하였다. 이러한 표현은 경건하고 겸손한 방법으로 의미를 찾기 위해 내담자들과 연대하는 것이다.

– 종교적 신념을 통한 의미-가능성을 발견하기

동유럽 출신의 한 랍비가 프랭클에게 자신의 이야기를 들려주었다. 그는 가스실이 있는 아우슈비츠 강제수용소에서 그의 첫 번째 아내와 여섯명의 자녀들을 잃었고, 이제 두 번째 아내는 불임이라고 판명되었다. 프랭클은 출산이 유일한 삶의 의미가 아니라는 것을 알아차렸다. 출산 자체는 무의미할지 모르며, 의미가 없는 일이 출산으로 인해 의미가 부여될 수 없었다. 그럼에도 랍비는 자기가 죽은 후에 그를 위해 지금 카디시(Kaddish / 사망한 근친을 위해 드리는 기도)를 말해 줄 아들이 없어 절망했다. 정통 유대인으로서 그는 자신의 처지를 절망적으로 생각했다.

프랭클은 포기하지 않았다. 프랭클은 천국에서 아이들을 다시 볼 희망이 없는지를 물어봄으로써 그를 도우려는 마지막 시도를 하였다. 프랭클의 질문에 랍비의 눈물이 터졌고, 이제 절망의 진짜 이유가 드러났다. 그의 아이들은 무고한 순교자로 죽었기 때문에 천국에서 가장 높은 곳에 있다는 가치를 발견했다. 반면에 자신은 나이도 많고 죄많은 사람으로서 아들과 함께 있는 것을 기대할 수 없게 됐다고 했다. 프랭클은 포기하지 않고 다음과 같이 말했다. "랍비여, 이것이 정확하게 아이들에 대한 당신의 생존의미라고 생각할 수 없나요?' 당신은 당신의 아이들처럼 결백하지 않을지라도, 천국에서 아이들을 만날 수 있도록 이 고통의 세월을 통해서 죄를 없앨 수 없나요? 하나님은 당신의 눈물을 기억하신다고 시편에 기록되어 있지 않습니까? 그래서 아마도 당신의 고통 어느 하나도 헛된 것이 없을 겁니다." 몇 년 만에 처음으로 마음을 열었던 랍비는 새로운 관점을 통해 고통으로부터 구원을 얻었다.

함께 생각합시다.

※ 우리는 다른 사람과의 대화 속에서 무엇을 배울 수 있으며, 이것이 상담사와 관련이 있는 이유는 무엇이라고 생각하십니까?
※ 이야기 의미요법 중에서 당신이 가장 마음에 드는 방법은 무엇인지 나누어 봅시다.

제13장

의미요법의 응용

의미요법의 응용

의미요법에서 역설적 의도, 반성제거, 태도수정 기법, 소크라테스 대화 등은 잘 알려진 기법들이다. 그러나 이 외에도 다른 의미요법 전문가들에 의해 확장되고 발전된 응용기법들이 있다. 다음의 방법들은 프랭클의 원저작에 나타나며 의미요법 공구상자의 일부이다. 이 장에서는 앞서 설명한 기법들과 함께 응용해서 사용할 수 있는 11가지 기법들에 대해 소개하고자 한다.

1. 의미극

의미극은 내담자의 상상력이 필요하다. 일반적으로 치료과정은 다음과 같다. 상담사는 내담자에게 90세가 되었을 때 또는 죽음의 시간이 임박할 때를 생각하도록 요청한다. 내담자는 이 상황에 처해 있다고 생각한다. 그는 상상력을 동원하여 자신의 삶을 되돌아보고 그의 삶이 만족하고 기뻤었던 것처럼 생각해야 한다. 삶을 되돌아볼 때 그의 주요 업적은 무엇이 있는지, 그리고 무엇이 그에게 의미를 주었고, 결국 어떤 점에서 스스로 만족할 수 있었으며, 가치가 있었는지 묻는다.

두 소년의 어머니는 자살 시도 후에 프랭클의 병원에 입원했다. 그녀의 아들 중 하나는 소아마비로 장애를 갖게 되어 휠체어로만 움직일 수 있었다. 반면에 다른 아들은 11살 때 죽었다. 이 어머니는 치료 집단에 초대되었다. 그녀는 자신의 운명에 반항적이었으며 아들의 죽음을 받아들이지 못했다. 그래서 남겨진 장애 아들과 함께 자살을 시도했을 때 자살을 막았던 것은 장애 아들이었다. 장애 아들에게는 삶의 의미가 있었다. 그런데 장애 아들의 어머니에게는 왜 의미가 없었을까? 그녀가 의미를 찾도록 어떻게 도울 수 있을까?

프랭클은 집단의 다른 여성에게 나이를 물었다. 30세라고 그녀가 대답했을 때 프랭클은 "아니오, 당신은 30세가 아니라 이제 90세이며, 죽음의 시간이 임박해 있습니다. 당신은 자녀가 없지만, 경제적인 성공과 사회적 지위를 누렸던 자신의 삶을 되돌아보고 있습니다."라고 했다. 그런 다음 그녀가 이런 상황에서 어떤 느낌을 받을지 상상해 보라고 권했다. "어떻게 생각하십니까? 자신에게 무엇을 말할 수 있을까요?"

해당 회기를 녹음했던 테이프에서 그녀의 답변을 인용하면 다음과 같다. "아, 저는 백만장자와 결혼했습니다. 넉넉한

부를 누리면서 편하고 신나게 살았습니다! 저는 남자를 유혹했으며 그들을 조롱했습니다! 그러나 이제 제 나이는 90세가 됐습니다. 저는 자녀가 없습니다. 한 늙은 부인을 보면서 저는 무엇을 위해 살아왔는지 알 수 없게 되었습니다. 사실, 제 인생은 실패했다고 말해야 합니다!"

이번에는 장애 아들을 가진 어머니에게 똑같은 상황에서 자신을 상상해 보도록 권했다. 그녀는 이렇게 말했다. "저는 자식을 원했으며 이 소원은 이루어졌습니다. 한 아들은 죽었으나 다른 아들은 제가 돌보지 않았다면 어떤 기관에 보내어졌을 겁니다. 그 아들이 비록 장애를 가졌고 무력하지만 결국 제 아들입니다. 그래서 저는 그를 위해 더 만족한 삶을 살 겁니다. 저는 장애 아들을 더 나은 사람이 되도록 하겠습니다."

이 대목에서 그녀는 눈물을 흘리면서 계속 말했다. "제 자신에 관해서 말하자면, 저는 제 삶을 평화롭게 되돌아볼 수 있습니다. 저는 제 삶이 의미로 가득 차 있다고 말할 수 있고, 그것을 성취하기 위해 열심히 노력했습니다. 저는 최선을 다해왔습니다. 제 삶은 실패가 아닙니다!" 마치 죽음의 침대 위에 있는 듯한 처지에서 자신의 삶을 되돌아보자 갑자기 그녀는 자신의 지난 삶의 의미와 고통까지 포함한 의미를 볼 수 있었다. 마찬가지로 죽은 아들의 짧은 삶까지도 너무 많은 기쁨과 사랑으로 가득 차 있었으며 그것은 90년 동안 지속하는 어떤 삶보다도 더 많은 의미를 지니고 있다는 사실을 분명히 알게 되었다.

　의미극은 이처럼 과거와 미래 사이를 이동하며 시간을 초월하는 인간의 영적 능력을 사용할 수도 있고, 동원할 수도 있다. 이 기법은 고통을 초월하도록 만들며, 피할 수 없는 고통에 대해서도 의미를 가질 수 있다는 사실을 깨닫게 해 준다.

　의미극 사용의 이론적 배경은 상담사가 내담자들에게 의미를 부여할 수 없으며 결코 의미를 처방해줄 수 없다는 사실이다. 때때로 상담사들은 내담자가 말한 단어를 주의깊게 경청할 때 의미를 발견할 수 있는 가능한 영역과 내담자에게 의미가 될 수 있는 과제를 추론할 수 있다. 하지만 의미 있는 삶을 살아야만 한다는 명령을 내담자에게 내릴 수는 없다. 그렇게 하는 것은 내담자에게 어린아이처럼 상담사에게 의존성을 갖게 하는 것이다. 무엇보다 의미요법의 목표와 반대가 되는 자유와 책임을 포기하는 것은 건강에 해롭다.

　상담사들은 일반적으로 내담자들을 기다리고 있는 가장 중요한 삶의 임무가 무엇인지 이야기해 주는 대신 내담자 자신의 통찰력을 요구해야 한다. 물론 의미가 시간에 따라 변할 수 있다는 점을 알고 있지만, 상담 당시 내담자가 자유를 가지고 있고, 의미 있는 임무가 기다리는 곳을 바르게 인식하도록 해 주어야 한다.

2. 프랭클의 산맥 연습

프랭클의 산맥 연습은 우리의 삶이 아름다운 산맥처럼 펼쳐지길 바라고 있다. 이 연습의 목적은 "우리가 산꼭대기에 무엇을 놓을까?"와 "우리의 삶에 감동을 주거나 본보기가 된 사람들이 우리가 삶을 전체적으로 보는 방식에 중요한 영향을 미치지 않을까?"에 대해 생각하는 것이다.

상담사는 이 연습의 참가자들에게 자신의 산맥을 스케치하도록 한다. 그들은 누가 그 산맥에 나타났는지에 대해 토론할 기회가 주어진다. 상담사는 내담자에게 반복되고 있는 가치를 찾고, 이러한 가치로부터 받은 힘을 되돌아보도록 격려한다.

참가자들은 자신의 가치체계에 통합할 수 있는 다른 사람의 가치에 초점을 맞추고, 때로는 참가자들이 자신의 삶 속에 긍정적인 점이 있었음을 깨닫도록 돕는 데 이 연습을 사용한다. 이 연습은 알코올 중독자와 정신과 입원 환자들(대부분 조현병 진단을 받은 환자들)을 회복하는 데 사용하였다. 산맥 연습은 개별상담과 소그룹에서 내담자의 가치기반을 넓히는 데 사용할 수 있다. 산맥 연습을 통해 자기 발견을 촉진하기 위한 소크라테스식 질문에는 다음과 같은 것이 있다. "누가 산꼭대기에 나타났습니까?" "누가 당신의 삶에 영향을 미쳤습니까?" "이 사람들은 어떤 가치관을 갖고 있습니까?" "나의 가치관 중에서 그 가치관과 공통점은 무엇입니까?" "나의 가치관 중 어떤 것이 다릅니까?" "당신은 어떤 가치관을 소중히 여깁니까?"

3. 인생 복습 및 예습 훈련

아이젠버그는 의미극 개념을 확장하여 대학생들에게 그들의 인생을 복습하고 예습할 수 있도록 도와주었으며, 노인들의 인생에 대해서도 인터뷰를 진행했다. 그는 이스라엘의 여러 대학에서 10년 동안 이 프로젝트를 통해 세대 간 공유되는 유익한 교훈을 얻을 수 있었고, 참가자들에게 삶을 의미 있게 만들어주는 새로운 영성을 제공했다.

루카스는 한 세미나에서 다음과 같은 예시를 들었다. "완전히 사용하지 않은 카메라 필름 롤을 상상해 보라. 당신은 그 필름을 현상하기 위해 사진관으로 가져간다. 필름을 풀면 몇 개의 스냅 사진이 나오고, 짙은 검은색 선이 나타나며 그 후에는 더 이상 노출되는 부분이 없다. 필름은 한 개인의 인생을 나타낸다. 검은 선은 죽음의 순간을 나타내고, 필름의 나머지 부분은 노출될 수 없다. 인생의 마지막 순간이 되면 필름은 완성된다. 그때부터는 우리는 더 이상 노출되지 않고 더 이상 살지 못한다. 우리는 우리의 인생이다. 인생의 길이는 중요하지 않으며, 단지 품질이 중요하다. 삶의 질은 우리 자신의 장점 또는 죄책감에 의해 결정된다."

카메라 필름의 예에서 각 사건, 슬라이드, 인쇄 또는 노출은 우리 삶의 사건을 나타낸다. 우리가 경험한 일들은 우리 삶의 필름에 '장면'을 제공한다. 이는 우리가 문지기였을 때 우리에게 일어날 수 있게 했거나, 우리가 문을 열어 들어오게 했던 것일 수도 있다. 필름의 여러 장면들은 긍정적인 영향을 줄 수도 있지만, 일부는 부정적인 영향을 줄 수도 있다.

당신의 삶의 필름에 아직 노출되지 않은 부분을 상상해 보라. 우리 각자에게는 넘어가야 할 어려움이 있는 반면, 아름다운 순간을 경험할 수 있는 여지도 있다. 우리는 종종 다른 사람을 돕고 지지함으로써 의미 있는 여정을 걷게 된다. 우리 삶의 필름에는 아직 많은 노출이 남아 있다. 삶의 나머지 부분에 대한 목표는 무엇일까?

의미요법은 개인의 삶이 자신의 책임임을 강조한다. 삶은 우리에게 행복을 제공하는 것이 아니라 의미를 부여한다. 우리 삶의 의미는 우리가 세상에 가져온 빛이다. 이 빛은 영원하며 결코 어둠이 되지 않는다. 우리는 다른 사람들이 자신의 삶에서 영원한 빛을 볼 수 있도록 도와야 한다. 우리가 다른 사람들에게 줄 수 있는 선물 중 하나는 그들이 헛된 삶을 살지 않았다는 확신이다.

웰터와 휴첼은 비디오테이프를 사용하여 자신의 삶을 기록하고, 가상의 영화제작을 만들어내는 것을 통해 삶의 복습과 예습 훈련 프로젝트를 보완했다. 이것은 영화를 '검토하고', '빨리 감기'하여 실제 대본을 기록할 수 있게 한다.

청년들은 '더 작은' 의미를 실현했지만, 여전히 '더 큰' 잠재력을 갖고 있다. 노인들은 그들의 '곡물창고'에 많은 것을 가지고 있으며 '성취해야 할 것'이 더 적은 경우가 일반적이다. 나이가 들어감에 따라 노인들은 영적 자원과 지혜를 믿고 사용할 수 있으며, 젊은 세대에게는 같은 일을 하는 방법을 가르칠 수 있다.

상담사들은 노인들이 지상에서 자신의 임무를 완수하는 일이 가까워질 때 그들을 인도하고 위로하기 위해 '과거의 곡물창고'를 활용할 수 있어야 한다. 의미요법은 삶이 의미 있는, 심지어 소급해서라도 모든 경우에 각각의 선한 행동이나 용기 있는 태도로 가득 찰 수 있다고 믿는다. 그렇기 때문에 삶의 사전검토는 삶에서 아직 성취되어야 할 것들을 조사하는 데 도움이 될 수 있다.

4. 자서전 쓰기 프로그램

루카스는 한 세미나에서 심화된 인생 복습 및 예습 훈련을 위해 자서전 쓰기 프로그램을 제안했다. 이 프로그램은 남부 독일 의미요법 연구소의 의미요법 학생들과 함께 1년 동안 진행되었다.

루카스는 9가지 삶의 단계를 포함하는 구조화된 자서전 쓰기 모델을 제시했다. 이 모델은 다음과 같다

나의 부모, 나의 초기 어린 시절, 나의 학창시절, 나의 초

기 성인기 시절, 나의 현재, 나의 가까운 미래, 나의 먼 미래, 나의 죽음, 지구상에 남기고 싶은 흔적.

참가자들은 이러한 발달단계를 노트의 왼편에 적고, 노트의 오른편에는 다음과 같은 질문을 적어야 했다.

"사실은 무엇인가요?" "지금 이것에 대해 어떻게 느끼시나요?" "이것에 대한 생각은 무엇인가요?" "이것에 대해 어떤 입장을 취해야 하나요?" "어떻게 응답해야 하나요?" "이를 받아들여야 하나요? 아니면 이것에 대해 해야 할 다른 일이 있나요?"

자서전 쓰기 프로그램은 참가자들이 개별적으로 자신의 이야기를 쓰고, 집단내에서 평안한 자료만 공유하도록 설계되어 있다. 이 프로그램은 참가자들이 일생 동안 개인적인 의미를 명상하고 반성하며, 의미 중심으로 삶을 살도록 돕는다.

5. 의미-앵커 기법

의미-앵커(닻) 기법 또는 의미-후크(갈고리) 기법은 의미요법에서 사용되는 기법으로, 과거의 의미 있는 경험 또는 미래의 기대되는 경험을 현재 상황에서 앵커 또는 훅으로 활용하는 것을 말한다. 이 기법은 다양한 감각적 이미지를 사용하여 개인의 기억에서 경이로움을 느끼게 했던 과거 경험을 떠올리는 것으로 시작한다. 상담사는 내담자가 자신의 절정 순간, 직관적인 인식, 통찰력, 창의성 및 인지적 차원의 기타 특성과 접촉할 때 앵커 경험을 찾도록 도와준다.

예를 들어, 내담자인 리사가 모든 가족과 사랑하는 사람들을 잃은 경우, 상담사는 리사가 자신이 보호받고 돌봐준 순간을 느꼈던 인생의 특정 시점을 찾도록 돕는다. 그런 후에, 이러한 순간들을 리사의 의미-앵커로 활용하여 그녀의 슬픔에서 벗어나는 데 도움을 준다. 상담사는 그녀에게 과거 경험에서 비롯된 의미와 미래를 위한 건설적인 기초로 사용하도록 격려한다.

의미-앵커 기법은 부부 간 의사소통 간극을 줄이고, 삶의 동기를 찾으며, 불안과 고독감을 달래는 데 활용될 수 있다. 이 기법의 목적은 필요한 시기에 영적으로 이 기법을 사용할 수 있도록 하는 것이다. 이를 통해 개인은 과거 사건을 현재에 활용할 수 있는 인식을 얻게 된다.

의미-앵커 기법은 깊이 있는 인지적인 특성을 갖고 있으며, 이미지는 감정적인 색채를 띨 수도 있다. 내담자의 추억을 기반으로 의미-앵커는 '기쁨'을 현재의 '슬픔'에 가져오기 위해 과거의 특별한 경험들을 활용한다. 이러한 '기쁨'은 불안, 불안전함, 뿌리 없음 또는 고통 상태를 겪는 내담자에게 닻 역할을 한다.

6. 의미 잠재력의 발견 훈련

'의미 잠재력의 발견 훈련'은 내담자가 상처를 입거나, 화를 내거나, 취약하거나, 놀라거나, 당황하거나, 또는 궁금해하는 한 가지 사건에 대한 의미 있는 반응을 찾는 데 적용할 수 있다. 이 훈련은 신속하고 자동적이며 충동적이고 습관적인 반응이 아니라 자기초월적인 '진정한' 반응을 찾는 데 도움이 될 수 있다. 또한, 내담자가 가장 의미 있는 반응을 찾을 수 있도록 도와준다.

이 훈련은 종이와 연필을 사용한다. 먼저, 내담자는 "무슨 일이 있었습니까?"라는 질문에 대해 설명해야 한다. 그 사건과 관련된 감정을 기술하는 행에는 "당시에 이것에 대해 어떻게 생각했는가?"라는 질문을 하고, 별도의 열에는 "지금 어떻게 생각하고 있는가?"라고 질문한다.

다음 줄에서 내담자는 이 사건에 대한 자신의 생각을 검토한다. "당시에 이것에 대해 어떻게 생각했는가?"와 "지금 어떻게 생각하고 있는가?"라는 질문에 대답한다.

그 다음에는 한 사람에게 깊이 생각해 보도록 유도한다. "무슨 일이 있었는지에 대한 나의 운명과 자유의 영역은 어디에 있는가?"와 "무슨 일이 있었는지에 대한 책임은 무엇인가?"라는 질문을 하면서 내담자가 자신의 생각을 탐구할 수 있도록 한다.

그 다음에는 내담자가 "이 상황에서 어떤 의미가 숨겨져 있을 가능성이 있는가?"라고 질문하면서 숙고하도록 유도한다. 내담자가 더 깊게 숙고할 수 있도록 다음 질문을 제시한다. "어떤 가능한 선택이 있는가?" "아직 완성된 것이 있는가?" "할 일이 있거나 경험이 있거나 또는 특정 입장을 취야 하는가?"

사건에 대한 응답으로 가능한 모든 선택사항을 열거한 후 예상되는 결과와 관련하여 선택사항을 평가하도록 한다. 끝으로, 다음과 같은 것을 알아내는 것이 마지막 임무이다. "이것들 중 어느 것이 달성될 수 있다고 생각하는가?" "이것들 중에 어느 것이 내가 좋은 일을 했다고 느끼게 하는가?" "이것들 중에 어느 것이 평화롭게 살 수 있게 하는가?"

이 기법은 내담자가 자신의 결정을 반성하고 양심에 따라 행동한 것을 볼 수 있도록 가르칠 수 있다. 또한 이 기법은 상담사의 사후관리가 있는 경우에 더 효과적이다.

7. 호소기법

루카스에 의해 기술된 호소기법은 자율훈련, 최면, 또는 지시적 심상요법과 같은 이완 훈련으로 시작한다. 내담자가 이완되고 편안해진 후, 상담사는 다음과 같은 암시적 문구를 사용하여 '의미에의 의지'를 강화한다. "당신은 의지를 가지고 있습니다." "나는 의지를 가지고 있습니다." "나는 내 의지를 경험하고 있습니다." "당신은 당신의 의지를 경험하고 있습니다."

호소기법의 목표는 영적인 인식을 높이고 의미를 찾을 수 있는 자유의 영역을 탐색하는 것이다. 상담사는 내담자에게 영성이 개별적인 상황에서 스스로 선택한 과제와 목표를 자유롭게 달성할 수 있다고 설명한다. 내담자가 다른 사람의 실패를 비난할 때 '왜냐하면'으로 문장을 시작하면, 상담사는 이야기를 '비록'으로 재구성하도록 제안할 수 있다. 예를 들어, "비록 부모가 그들을 자녀로 받아들이지 않았지만, 그들은 자신과 다른 사람들에게 괜찮은 삶을 살 수 있다는 것을 보여 줄 능력이 있다."고 말하는 식이다.

호소기법은 영적인 차원이 일시적으로 차단되고, 인간의 영적 자원에 완전히 접근할 수 없는 상황에서 사용된다. 이러한 경우에는 역설적 의도, 반성제거, 소크라테스 대화와 같은 특정 의미요법 방법이 적용되지 않을 수 있다. 예를 들어, 약물중독과 같은 경우 내담자는 중독에서 벗어나기 전에는 무의미한 자기 파괴의 경로를 변경할 수 없다. 그들이 약물에 사로잡혀 있는 한 인간의 영적 자원이 차단된다. 우울증의 경우 내담자는 생물학적인(예: 약물 치료) 치료가 필요할 수 있으며, 상담사의 역할은 우울증과 싸우는 것은 불가능할 수도 있지만 내담자가 '우울증의 파도가 그들을 스쳐 지나가게 하는' 방법을 배우도록 돕는 것이다.

요약하자면, 영적 자원에 접근할 수 없는 상황은 매우 어린 아이들, 의존성이나 불안정성 또는 중독문제로 고통받는 내담자, 거의 쓰러지기 직전이거나 충분한 협력을 통해 치료

계획을 수행하기 어려운 내담자에서 발생할 수 있다.

호소기법의 본질은 내담자의 현재 신체적, 정서적, 정신적 능력과 관계없이 상담사가 내담자에게 무한한 존엄성, 책임, 의미 지향에 대한 신뢰를 전달하는 것이다.

8. 공통분모 방법

이 방법은 프랭클의 저서인 '의사와 영혼'에서 처음으로 소개된 것으로, 사람들이 가치 있는 목표에 직면했을 때 의사결정을 돕기 위해 제시되었다. 이를 위해 상담사의 임무는 사람들이 자신의 가치 체계를 인식할 수 있는 수준에 맞춰 목표를 제시하는 것이다. 한 가지 가치에 "예"라고 대답하는 것은 다른 가치들에 대해 "아니요"라고 말하는 것을 의미한다. 이 방법을 설명하기 위해 루카스는 다음의 사례연구를 보여주었다.

한 여성으로서 두 자녀의 어머니는 어느 날 저녁 늦게 루카스에게 도움을 청하는 전화를 했다. 그녀는 남편에게 충실해야 한다는 생각과 연인과의 관계 사이에서 갈등하고 있다고 말했다. 남편과 아이들은 그녀의 연인에 대한 강한 애착관계를 잘 모르고 있지만, 그녀는 가족과 함께 남을지 아니면 애인과 함께 살 것인지 결정을 하는 것이 무척 힘들다고 했다. 그녀는 이 문제를 해결하기 위해 이전에도 여러 차례 상담을 받은 적이 있다고 했다. 불행히도 그동안 상담을 해준 사람 중 아무도 그녀가 결정을 내리는 데 도움을 주지 못했다.

전화로 대화하면서 루카스는 다음과 같은 '공통분모' 대차 대조표를 만들어 보는 것을 제안했다. "먼저, 남편을 떠나 연인과 함께 살겠다는 결정에 영향을 받는 사람들의 수를 생각해 보십시오." 그리고 이어서 말했다. "이 사람들의 이름을 한 칸씩 적어 넣으십시오." 그녀는 남편, 연인, 자신, 두 자녀 등 다섯 명을 나열했다. 그리고 루카스는 그 사람들이 그녀가 떠나기로 한 결정에 대해 어떻게 느낄 것인지 생각해 보라고 요청했다. 그리고 다른 질문을 이어갔다. "가족에게 남기로 했을 때 당신의 결정에 대한 그들의 감정이 어떨지 적어보세요. 그리고 그들이 왜 그런 느낌을 가질까요?"

과제를 시작하면서 그녀는 각 사람의 감정을 하나씩 평가해 보았다. 그녀는 남편이 자신을 무척 사랑했기 때문에 그녀가 떠난다면 분명히 매우 슬퍼할 것이라고 말했다. 즉시 루카스는 그녀에게 '떠남'이라는 열 아래 남편의 이름 옆에 마이너스(-) 표시를 넣고, '머묾'이라는 제목 아래 열에 있는 남편의 이름 옆에 플러스(+) 표시를 넣도록 요청했다. 그녀의 연인은 계속해서 그녀를 진심으로 돌보지 않았다. 따라서 루카스는 두 열에서 연인의 이름 옆에 플러스와 마이너스 표시를 하도록 했다. 그런 다음 그녀는 "나 자신은 정말 어떻게 해야 할지 모르겠습니다."라고 말했다. 루카스는 그녀에게 자신의 이름 옆에 플러스와 마이너스 부호를 두 열 모두에 넣도록 요청했습니다. 그녀는 "아이들은 분명히 나를 매우 그리워할 것입니다."라고 말했다. 루카스는 '머묾' 열에 있는 아이들의 이름 옆에 두 개의 플러스 표시를 넣고 '떠남' 열에는 두 개의 마이너스 표시를 넣으라고 요청했다. 그런 다음 루카스는 그녀에게 모든 이름의 두 열에 플러스와 마이너스 개수를 세도록 요청했다. '머묾' 열의 합은 5개의 플러스와 2개의 마이너스였고, '떠남' 열의 합은 2개의 플러스와 5개의 마이너스였다.

이 결과는 그녀가 머무는 것이 더 좋을 수 있다는 것을 나타내고 있다. 그러나 루카스는 가치판단을 자제했다. 의미요법은 궁극적인 결정과 책임은 항상 내담자에게 달려있기 때문이다.

의미요법 대화포럼 세미나에서 루카스의 또 다른 사례연구로 다음과 같은 딜레마가 상담사에게 제시되었다.

아내는 남편과 함께 홀로 사는 노모를 방문하여 크리스마스를 함께 즐길 것인지, 아니면 남편과 둘이서만 크리스마스를 축하할 것인지를 놓고 고민에 빠졌다. 그녀는 평소에 어머니를 사랑하면서 어머니에 대한 책임감을 가지고 있었다. 그녀의 남편 또한 장모님을 사랑했다. 그리고 그녀는 남편을 매우 사랑했다. 매년 그들의 집에서 어머니와 함께 크리스마스를 축하하는 것이 관습이었지만, 그녀는 한 번이라도 남편과 따로 둘만을 위한 특별한 저녁을 만들고 싶어했다. 더구나 그녀와 남편은 결혼 20년 만에 처음으로 한 주 동안 멀리 떨어져 크리스마스를 축하한다는 것을 의미했다.

루카스는 '공통분모' 방법과 마찬가지로 참여자들에게 각 결정이 무엇을 의미하는지를 물었다. 그녀의 남편은 그녀를 너무나 사랑하여 변화를 원한다고 아내에게 의심받기도 했지만, 전과 마찬가지로 장모와 함께 하는 것에 상관하지 않을 것이다. 어쨌든 남편은 융통성 있고 그녀를 잘 이해했으며, 어떤 방법으로든 결정하지 않았기 때문에 그녀가 결정을 내리기 더 어려웠다. 그녀는 항상 철저히 준비해서 크리스마스를 특별한 행사로 만들었기 때문에 어머니는 크리스마스 시즌에 그들과 함께 있는 것을 매우 기대했을 것이다. 그녀의 여자 형제들 또한 매번 초대되었다. 그래서 어머니는 그들이 크리스마스에 오지 않는다면 매우 섭섭할 것이다.

하지만 그녀는 자신이 처음으로 남편과만 크리스마스를 축하하는 것이 매우 행복하고 흥분되었다고 했다. 그리고 그녀는 어머니와의 축하 행사를 즐기지 못하고 '의무적'으로 참석했을 것이라고 했다. 이 말을 듣고 루카스는 그녀에게 크리스마스의 진정한 의미에 대해서 생각해 보라고 요청했다. 그녀는 사랑을 나누는 것이라고 대답했다. 그러면서 행복한 척하며 선물을 주었을 것이다. 사랑은 요구할 수 없는 것이다. 루카스는 이렇게 말했다. "가장 귀중한 선물은… 분명히, 지금 당신이 진정으로 원하는 것은 사랑을 나누는 크리스마스의 정신과 조화를 이루지 않을까요? 당신이 어머니에게 진정한 사랑을 줄 수 있는 다른 방법이 있지 않을까요?" 그녀는 대안을 생각해냈다. 그녀는 크리스마스 이브에 카드를 쓰고 어머니에게 전화를 건 다음 남은 시간을 남편과 보낼 수 있다. 그녀의 형제들은 그날 어머니를 방문할 것이다. 그녀는 그들과 전화로 이야기를 주고받을 것이다. 남편과의 휴가에서 돌아온 후 그녀와 남편은 어머니를 방문할 수도 있을 것이다.

누가 영향을 받았는지에 대한 두 번째 평가에서 그녀는 결국 모두가 더 행복할 것이라는 사실을 분명히 알 수 있었다. 그녀에게 가장 좋았던 것은 죄책감에서 자유로울 수 있으며 가식적으로 행동할 필요가 없다는 점이다. 그녀는 어머니를 만나서 정말 기뻐하고 여행에 대해 오랫동안 대화를 나눌 수 있을 것이다. 어머니 역시 그녀의 행복을 보면서 더 행복하게 될 것이다.

공통분모 방법은 내담자가 신중하게 평가한 후에 가치갈등을 해결하는 데 도움이 된다. 많은 상황이 이상적이지는 않을 수 있지만, 이 방법은 사람이 사용 가능한 최상의 옵션을 선택하지 못하게 하는 것은 아니다. 공통분모 방법을 사용하면 상담사는 '당신이 해야만 하는 일', '해야 할 일' 또는 '하지 말아야 할 일'로 시작하는 진술을 통해 무엇을 해야 할지 내담자에게 지시하는 대신 안내하는 역할을 하게 된다.

9. 의미요법의 꿈 분석

의미요법의 꿈 분석에 대한 기법은 프랭클의 저서 '무의식의 신' 가운데 '꿈의 실존분석'이라는 글에서 찾을 수 있다.

프랭클은 프로이트가 묘사한 심리적 무의식과 같은 영적 무의식이 있음을 관찰했다. 이 방법은 모든 사람의 신념이나 신앙과 무관하게 무의식적 영성 또는 종교성을 반영하는 꿈의 내용을 분석하는 것이 목표이다.

프랭클은 그의 많은 내담자들이 깊은 종교적 신념을 갖고 있으며, 진실하고 깊이 있는 종교성과 영성은 항상 매우 개인적이라 쉽게 논의되지 않음에도 불구하고 치료의 중요한 자원으로 인식하였다.

무의식적 영성의 심오한 자원에 쉽게 접근할 수 있는 한 가지 방법은 꿈을 통하는 것이다. 즉 꿈속에서 우리는 양심을 통해 자신 안에 무한한 신뢰의 지점에 연결된다. 그것은 초월적인 것과 구체적인 것, 주관적인 것 사이에 일어나는 내적 대화가 있는 곳이다. 그리고 우리가 내면의 영적 지도의 근원과 대화할 수 있지만 그것에 대해 말할 수 없는 것처럼 그 내용을 쉽게 표현할 수 없는 곳이기도 하다.

꿈의 실존분석에서 종교적이고 영적인 내용들이 나타나므로 만일 상담사가 내담자에게 물어보면, 내담자는 자신의 삶에서 개인적인 중요성을 분별하기 위해 그것들을 말해야 한다. 프랭클은 꿈이 '영적인 무의식에 이르는 왕도'라는 몇 가지 사례를 보고했다.

프랭클의 사례 중에서, 꿈이 정신역동적 요소들을 포함하고 있지만, 그러한 노선에 따라 단순히 해석할 수 없을 뿐만 아니라 지혜, 욕구, 영적 진리로부터 나온 어떤 메시지를 전달할 수 있다는 점을 고려해야 한다. 다시 말해 우리는 꿈이 경고가 될 수 있을 뿐 아니라 마음, 소망, 영적인 믿음 같은 지혜로부터 온 메시지를 전달하는 것이라는 점을 염두에 두어야 한다.

다음은 프랭클이 보고한 사례다.

한 내담자는 아버지가 그에게 사카린을 건네주는 꿈을 꾸었다. 그러나 그는 일종의 설탕 대체물로 달콤하게 만드는 것보다는 오히려 쓴 커피와 차를 마시는 것이 좋다며 사카린을 거절하였다.

자유연상은 다음과 같이 진행되었다.

'물려주기 전통, 즉 내가 아버지로부터 물려받은 전통은 종교였다.'

내담자는 꿈을 꾸기 전날 저녁에 철학자와 신학자 사이의 대화를 기록한 잡지 기사를 읽었다고 했다. 실존철학자의 주장은 내담자에게 매우 그럴듯해 보였다. 무엇보다도 철학자는 실존적으로 진실하지 않은 종교에 대한 거부, 특히 철학자가 '신앙과 꿈의 영역으로 도망치는 것'을 거부하는 것에 깊은 인상을 받았다. 철학자는 '행복해지려고 하는 동기는 무엇인가?' '우리가 원하는 것은 진실이다'라고 주장했다. 그래서 내담자는 완전히 깨어나 진짜가 아닌 삶을 포기하기로 했다.

같은 날 저녁 내담자는 값싼 위로를 주는 - 다소 달콤하다고 느껴진 라디오 설교를 들었다. 또한, 잡지 기사의 한 곳에서 "삶의 맛을 잃어버렸을 때의 모습은 어떤가요?"라는 질문을 읽었다.

이런 일련의 사실을 염두에 두자 실존적으로 진실하지 않은 종교적 전통이 왜 맛의 영역과 관련이 있었는지, 그리고 꿈에서 선택한 이미지가 진짜 감미료를 대신하여 설탕 대체물인 사카린인 이유를 아주 잘 이해할 수 있었다.

상징의 선택은 내담자의 행운의 부적이 종교적 우상이라는 사실을 알게 되었을 때 분명해진다. 내담자는 원래 사카린을 포장재로 사용되었던 작은 나무상자에 담아서 원치 않는 관찰자로부터 위장한 것이다.

최근에 짐 란츠는 내담자와 함께 의미요법의 '꿈-반성' 기법을 사용하여, 지금 여기에서 의미 잠재력을 주목하도록 돕고, 과거에 실현되고 예치된 의미를 회상하고 존중하도록 돕는다고 보고했다. 그의 생생한 두 가지 사례는 다음과 같다.

- 빌의 꿈에 주목하기

빌은 아홉 번째 의미요법 치료 면접에서 다음과 같은 꿈을 꾸었다.

"나는 탄광에서 사람들과 일하고 있었습니다. 사람들은 9층에 나를 남겨두고 긴 터널의 석탄 벽까지 내려갔습니다. 나의 일은 석탄을 캐는 것이기 때문에 곡괭이를 사용하여 석탄을 파기 시작했습니다. 그렇게 파고 난 몇 분 뒤 석탄 벽 뒤에서 소리가 들렸습니다. 나는 무서워서 꿈에서 깨어났습니다. 나는 이 꿈을 4~5번 정도 꾸었고, 그 목소리를 들을 때마다 항상 꿈에서 깨어났습니다. 그것은 아주 무서운 꿈이었습니다."

빌이 위의 꿈을 제시한 후 상담사와 대화가 이루어졌다. 대화는 오디오 테이프에 녹음되었으며, 간결성을 위해 그리고 빌의 신원과 기밀을 보호하기 위해 약간 수정되었다.

상담사 : 9층에 당신을 남겨두고 떠난 사람들은 누구인가요? 당신은 그들을 알고 있습니까? 당신이 그들을 인식했습니까?

내담자 : 아니오, 몰랐습니다.

상담사 : 그들이 누구일 거라는 느낌이 있습니까?

내담자 : 음, 그들은 제 고향 출신이었습니다. 당신도 알다시피 제 고향은 탄광촌입니다. 잘 모르겠습니다만… 아마 삼촌일지도 모릅니다. 아, 삼촌일 겁니다. 맞아요.

상담사 : 9층에 대해서 어떻습니까? 그것에 대해 어떤가요?

어떤 생각이 드나요? - 상담사는 빌이 9살 때 아버지가 죽었다는 것을 알고 있었으며 내담자는 이 대목에서 긴 침묵을 했다.

상담사 : 생각이 전혀 없으십니까?

내담자 : 네, 정말 없습니다. (침묵)

상담사 : 좋습니다. 그럼 석탄 벽으로 돌아갑시다. 석탄 벽 옆에 있다는 것은 무엇을 의미합니까? 그것은 무슨 뜻일까요? 목소리는 누구입니까? 누가 생각납니까?

내담자 : 지금 막 떠올랐습니다. 아마 제 아버지인 것 같습니다. 아버지는 탄광 사고로 돌아가셨습니다. 제가 아홉 살 때 일입니다. 어떤 면에서 저는 그 이후 아버지 목소리를 듣고 싶었습니다.

상담사 : 그러면 혹시 9층에 남겨놓은 것이 그것을 말하는 건가요?

내담자 : (울기 시작하면서) 빌어먹을, 그래요! 그거에요! 저는 9살 때 아버지를 잃었단 말이예요. 하나님, 그것이 분명해요!(내담자는 오랫동안 울음)

상담사 : 보세요. 당신을 내려준 남자들은… 아마 당신의 삼촌들일 겁니다. 아버지가 돌아가신 후에 삼촌들이 당신을 데려가서 당신을 도와주고, 당신에게 시간을 내주었나요? 그들 중 누가 도와주었나요?

내담자 : 빌어먹을, 아닙니다!…빌어먹을, 아니라구요! 저는

혼자였습니다. 그들은 어머니가 직업을 구하고 일을 시작할 때까지 돈과 물품으로 어머니를 도와주었습니다. 하지만 도대체, 아닙니다! 어머니는 일을 시작했고, 삼촌들은 저를 전혀 배려해주지 않았습니다. 빌어먹을, 그게 다라구요!

상담사 : 그래서 삼촌들과 거리가 생겼군요. 그들은 당신을 9층에 두고 떠났습니다. 아버지는 없었고, 스스로 선택할 수 없었습니다. (오랜 침묵)

내담자 : 하나님, 맞습니다. 분명히 벽 뒤에 저희 아버지가 있었습니다. 분명히 아버지 목소리였다구요. (긴 침묵)

상담사 : 아마⋯ 그렇지만, 아마 아닐 겁니다. 만약 다른 사람이라면 누구일까요?

내담자 : 빌어먹을, 모르겠습니다. 그런 사람 없어요, 아무도. 그것은 저희 아버지가 틀림없습니다.

상담사 : 누군가 아버지를 잃은 사람이 또 있나요? 다른 사람이 있다고 생각하지 않나요? (내담자는 다시 울기 시작한다)

내담자 : 맙소사! 벽 뒤에 있는 건 제 아이들입니다. 당신 말이 맞아요. 그것은 제 아이들의 목소리였습니다, 하나님. 저는 일 중독자이고, 아이들과 시간을 보내지 않습니다. 젠장, 저에게 일어났던 일을 똑같이 하고 있네요. (내담자가 운다)

상담사 : 꽤 좋은 꿈, 정말 좋은 꿈, 말하기 힘든 꿈이네요.
내담자 : 네, 빌어먹을 꿈입니다. 저는 제 아이들에게 죽은 사람처럼 되어가고 있어요. 저는 그들을 벽 뒤에 두었습니다. 하나님, 저는 그런 사실을 외면해 왔어요.
상담사 : 그러면 꿈속에 있는 의미 잠재력은 죽은 남자들 - 아이들에게 죽은 아빠가 되는 것이 아닙니다. 그렇다면 당신이 해야 할 일은요?
내담자 : 아이들과 시간을 보내는 것입니다. 일중독을 멈추고! 아빠가 되기 시작하는 것이지요.
상담사 : 그렇다면 아빠가 되기 시작하세요. 어쩌면 당신의 아버지가 결코 얻지 못한 기회를 잡을 수 있을 겁니다. 아빠가 배우지 못한 것을 하세요.
내담자 : 네! 바로 그겁니다. 좋은 꿈입니다. 그렇지만 힘든 꿈입니다! (울음)

- **조이스의 꿈 실현**

젊은 여성인 조이스는 그녀의 여섯 번째 의미요법 회기에서 상담사와 다음과 같은 꿈을 공유했다.

"저는 택시 안에 있었습니다. 취업 면접에 가고 있는 중이었지요. 제가 면접을 할 사무실 건물에 도착했을 때 택시 문을 열려고 했지만 열리지 않았습니다. 택시 기사에게 도움을 요청했지만 그는 도와주지 않겠다고 했습니다. 그래서 저는 취업을 하지 못했습니다."

조이스는 이 꿈에 대해 스스로 되돌아본 후, 다른 사람들이 자신을 위해 일을 하게 하려는 장기간에 형성된 그녀의 삶의 방식이 꿈을 통해 그 윤곽이 드러났다고 결론지었다. 조이스는 남성이 자신을 돌보도록 하는 데 특히 능숙했으며, 상담사가 자신의 모든 것을 해결하기 위해 전적으로 나서지 않아서 실망했다고 말했다. 조이스는 자신의 꿈을 지금까지의 삶의 방식을 치료하는 데 사용할 수 있도록 상담사에게 허용한다고 했다.

조이스와 상담사는 이 꿈을 이용하여 둘 사이의 관계는 물론 조이스의 일관되고 반복적인 의존성 패턴을 심사숙고했으며 마침내 각자의 역할에 대한 치료계약에 동의할 수 있었다.

그만큼 꿈 분석은 조이스가 의미 잠재력을 실현하지 못하게 했던 의존성 패턴을 지적하는 데 도움이 되었다.

프랭클과 란츠는 꿈 분석에서, 내담자에게 주제에 대한 자유연상과, 자유연상을 통한 가능한 의미에 대해 소크라테스 질문을 포함하는 여러 대화 형태로 요점을 찾고 이를 해석하는 것이 상담사의 임무라고 말했다. 좋은 꿈 분석은 내담자에게서 새로운 것이나 이미 진실로 인식된 것을 끌어내는 것이다.

꿈은 치료 과정을 촉진하기 위해 치료에 사용될 수 있다. 모든 꿈이 중요한 것은 아니다. 상담사는 꿈 분석이 과도한 자기관찰, 운명론적 해석, 또는 내담자에게 불필요한 부담과 불안을 유발하지 않도록 주의해야 한다.

10. 부부를 위한 '자기초월' 질문

루카스는 일련의 의미 지향적 질문으로 구성된 자기초월 질문 방법을 기술하였다. 이 방법은 문제의 근원이 '부담되는 의사소통'에 있고 아직도 서로 사랑하고 있을 때 적용할 수 있다.

부담되는 의사소통은 부부 사이에 종종 우연히, 습관적으로, 또는 자동적으로 가정 문제나 오해 및 원한을 통해 서로 고통을 겪게 되는 스트레스 상황에서 일어나는 유형이다.

여기에는 부부가 그것을 배우면 갈등을 해결하고, 그들에게 의미 있는 길을 찾는 데 효율적인 몇몇 핵심 기술이 있다. 서로 조용한 시간을 보내면서 정직한 대화를 나누면 도움이 되며, 건설적이거나 서로에게 감사할 수 있다. 다른 말로 하면, 서로 배려하며 사랑할 수 있다는 것이다.

숙련된 상담사로부터 도움을 받거나, 나중에 그들이 대화를 조정하는 것처럼 배우자가 자기 점검할 수 있는 질문은 특정 질문 유형을 따른다. 이를 통해 배우자는 함께 여행하면서 서로를 비난하지 않고 서로 지지해 주기 위해 여전히 할 수 있는 일에 초점을 맞출 수 있다.

의미 지향적 질문에 대한 일반적인 '각본'은 다음과 같다.

단계Ⅰ: 부부는 해결책 없이 겪었던 특정 갈등 상황에 대해 설명한다.

상담사(또는 중재자)는 보고된 사건을 요약한 후 배우자에게 다음과 같은 질문을 하고 생각할 시간을 갖도록 요청한다.

"이 사건에서 배우자를 가장 화나게 한 실제 요소는 무엇이라고 생각합니까?"

"배우자에게 가장 큰 고통을 주었다고 생각하는 일은 무엇입니까?"

상담사는 배우자의 모든 대답을 요약한다. 배우자가 상대방 앞에서 자신의 행동에 대해 생각하고, 상담사의 도움을 받아 자신의 생각을 간결하게 말로 표현하면 서로를 더 잘 이해하게 된다. 자가 진단을 위한 노력은 두 사람 모두에 의해 기록되며, 배우자와의 관계에서 중요한 자원으로 사용된다.

모두 대답한 후 상담사는 다음과 같이 그 답변을 교차 점검한다.

"그렇게 배우자가 생각하는 것이 맞습니까?"

"그렇게 했다면 비슷한 상황에서 고통을 줄일 수 있다는 사실이 정말입니까?"

여기에서 상담사는 두 사람 모두의 특별한 생각을 언급한다. 한 사람 또는 두 사람 모두 동의하지 않으면 그들이 먼저 생각했던 내용을 수정할 수 있다.

대부분의 부부는 무엇이 상대방을 가장 많이 해칠 수 있는 것인지를 알고 있다. 상담사는 통찰력을 가지고 부부의 관계 속에서 그러한 것들을 찾아낼 수 있다.

단계 II : 상담사는 다음 질문을 제시한다.

"유사한 상황이 다시 발생한다면 상대가 어떤 방식으로든 고통받지 않도록 할 가능성이 있습니까?"

"유사한 상황이 발생한다면 배우자의 고통을 줄이기 위해 무엇을 할 수 있다고 생각하십니까?"

이 질문은 개별적으로 답하도록 하며, 이후 응답을 교차 검사한다.

"이런 행동의 변화가 당신이 경험하게 될 고통을 줄일 수 있을까요?"

만일 한 사람 또는 두 사람 모두가 동의하지 않는 경우 상담사는 대신해서 그들에게 도움이 될 만한 것을 설명할 수 있지만 무리한 요구를 할 수는 없다. 상담사는 때때로 배우자가 비현실적인 요구를 하지 못하게 해야 한다. 또한 제안은 현실적이어야 한다. 그러므로 상담사는 "이러한 변화가 실제로 당신에게 가능성이 있는 것인가요?"라고 질문할 수 있다.

단계 III : 상담사는 두 배우자에게 다음과 같이 질문한다.

"상대방의 행동과 무관하게, 유사한 상황에서 당신이 언급한 가능성을 깨닫고, 당신은 당신의 행동을 변화시킬 준비가 되었습니까?"

이 질문은 배우자가 이미 변경했던 방식이 실제 성공했는지 여부와 상관없이 앞으로 배우자가 자신의 행동을 기꺼이 변경하려는 의도를 묻는 것이다.

두 사람 모두 "예" 또는 "아니오"라고 말할 수 있다. 한 사람만이 "예"라고 말해도 이것만으로도 관계에 대한 희망이 커질 수 있다. 하지만 현실적이고 진실한 목록을 작성한 부부라면 대부분 이 질문에 두 사람 다 "예"라고 대답할 것이다.

마지막으로 상담사는 두 가지 모두를 요청할 수 있다.

"유사한 상황에서 배우자가 행동에 변화를 줄 준비가 되어 있는 것에 대해 만족하시나요?"

"상대의 노력을 진심으로 받아들일 수 있습니까?"

의미-지향 질문은 관계에서 생기는 모든 도전에 대한 만병통치약은 아니지만, 이러한 도전은 정중하고 지지적이며, 진실하고 온화하게 돌보는 환경에서 더 쉽게 다루어지고 회복 및 유지된다. 이것이 바로 이 훈련의 목적이다.

11. 치료학으로서의 문학과 예술

프랭클은 강제 수용소(테레시엔슈타트)에서 아우슈비츠의 가스실로 이송될 예정이었던 한 무리의 젊은이들을 회상했다. 다음 날 아침, 수송이 시작되기 전에 흥미로운 일이 일어났는데, 수용소의 비어있던 도서관이 도둑에게 약탈당한 것으로 밝혀졌다. 이 사람들에 의해 몇 가지 고전이 사라진 것이었다.

왜 어떤 사람들은 너무 잔인하게도 아우슈비츠와 같은 장소를 설계했을까? 그리고 다른 사람들은 왜 그것을 좋아했을까? 그리고 어떤 죄수들은 기도하며 가스실로 들어갔을까? 프랭클에 따르면 아이디어와 이상은 언제나 수용소 생활의 일부였고, 그 영향은 빵의 유용성보다도 중요했다.

프랭클은 첫 번째 원고를 수용소에서 분실했을 때, 이 사건을 자신의 아이디어를 실천하기 시작한 신호로 받아들였다. 이 '신호'는 수감자로부터 물려받은 자켓 안쪽 안감에 숨겨진 기도서에서 가시나무가 있는 페이지를 발견함으로써 더욱 명확해졌다. 가시나무가 있는 기도서는 프랭클의 오랜 동반자가 되었다.

나중에 장티푸스에 시달리고 있을 때, 프랭클은 동료가 몰래 반입하여 생일 선물로 그에게 전달한 버려진 종이 위에 '의사와 영혼'의 개요를 기록했다.

1945년 강제 수용소에서 3년 만에 석방된 직후 프랭클은 버켄 발트에서 희곡 '동기화'를 썼다. 그는 "내 안에 깊은 무언가가 그 연극을 지시한 것 같았다. 나는 충분히 빨리 쓸 수 없었다."라고 회상했다.

　이 드라마에 등장하는 아테네의 철학자 소크라테스, 네덜란드 유대인 철학자 스피노자, 독일 형이상학자 임마누엘 칸트는 강제 수용소에서 두 아들이 죽은 어머니와 동료 희생자들에게 성경의 욥이 처음 제기한 영원한 질문 – "왜 우리는 고통을 겪어야 합니까?" "명백히 무의미한 상황의 의미는 무엇입니까?"-을 이어주었다.

　시간과 공간의 '동기화'에서 프랭클이 오늘날 정신건강에 있어서 세계적으로 탁월한 공헌을 한 질문이 나타났다고 말할 수 있다.

　1992년 프랭클은 아돌프 오펠과의 인터뷰에서, 문학이 의미요법과 매우 관련이 있다고 언급했다. 특히 훌륭한 문학인 시, 동화, 소설은 우리를 생각하게 만들고, 우리의 삶을 최대한 살도록 영감을 주거나 대안적인 삶을 보여주면서 우리에게 도전한다고 말했다. 그리고 이러한 작품들은 의미요법과 매우 관련이 있다고 밝혔다.

　이 인터뷰에서 프랭클은 아서 슈니틀러, 프란츠 베르펠, 표도르 도스토예프스키, 조셉 로스, 크리스틴 라반트를 비롯한 다양한 인본주의 및 실존주의 작가들을 자신이 가장 좋아하는 작가로 언급했다.

상담사들은 종종 자신들의 내담자에게 영감을 주거나 생각하게 하기 위해 문학을 사용한다. 어린이 이야기를 포함한 많은 이야기들은 기억하기 쉽고 유머러스하면서도 신랄한 방식으로 진실을 표현할 수 있다. 루카스는 시집 '의미 있는 선'과 30개의 이야기로 편집한 '만족스러운 삶을 사는 방법' 등 여러 작품에서 통찰력을 담은 '의미요법 경구'를 썼다.

전통적으로 이야기는 유산과 정체성을 보존하기 위한 수단으로 여겨졌다. 중요한 사건을 회상하거나 과거를 기록하는 용도뿐만 아니라 미래 세대를 위한 자원으로 공유되었다. 이런 관점에서 좋은 이야기는 하나의 메시지나 도덕적인 가치를 가진 것이라 할 수 있다. 이러한 이야기들은 현재와 과거를 연결하며, 미래와 현재를 연결하여 경고, 권고 또는 영감을 전달한다.

이야기의 놀라운 특성 중 하나는 공간을 창출한다는 것이다. 우리는 이야기 속에서 머무르고 걸어다닐 수 있으며, 자신의 자리를 찾을 수 있다. 이러한 이야기는 우리를 현실에 직면시키지만 억압하지 않는다. 이야기는 영감을 주지만 조작하지 않는다. 이런 이야기는 만남, 대화, 그리고 상호 공유를 위해 우리를 초대한다.

상담사들이 대화에서 이야기를 사용할 때, 이야기를 기억하는 것뿐만 아니라 그 이야기가 자신에게 어떤 의미를 갖는지 물어보는 것도 관련이 있다. 또한 무술(武術), 음악치료, 예술치료와 같은 다른 형태의 예술과 의미요법을 결합하여 사용할 수도 있다.

루카스는 미술치료 사용의 예를 들었다. 이탈리아에서 가르치던 중 AIDS 환자를 치료하기 위해 초빙되었을 때, 그녀는 미술치료 참여를 선택했다. 내담자들에게는 한 조각의 나무판이 주어지고 그 위에 아이콘을 그리도록 했다. 그리고 그것을 누군가에게 선물하도록 했다. 내담자들 중 일부는 여전히 미결과제가 있는 부모, 친구, 친척과 같은 개인에게 아이콘을 전했다. 다른 그림들은 현지에서 전시되었다. 직원들은 내담자들이 아이콘을 그리는 동안 진통제 요구가 50%나 줄어든 것을 관찰했다. 많은 내담자들은 아이콘 작업을 하면서 진통제 복용을 거부했다. 의료진은 또한 내담자들이 작업을 완료하기까지 상당히 사망률이 낮아진 것에 주목했다. 작업이 완료되면 내담자들은 종종 그림이나 예술 작품을 통해 자신의 이야기를 이야기하고 공유할 수 있는 기회를 얻는다.

이러한 방식으로 문학과 예술은 치료 과정에 귀중한 역할을 할 수 있다. 이는 의미를 찾는 데 도움을 주고, 자아를 탐색하고, 감정을 표현하고, 자아를 증진시키며, 변화와 성장을 촉진하는 데 도움이 된다. 문학과 예술은 우리에게 삶의 의미와 목표를 발견하는 데 큰 도움을 줄 수 있으며, 우리를 치유하고 변화시킬 수 있다.

함께 생각합시다.

※ 위에서 언급한 방법 중 어느 것이 가장 매력적입니까?
※ 의미 있는 삶을 살겠다는 의지를 강화하는 데 도움이 되는 다른 훈련에 대해 알고 있습니까?

제14장

의미요법과 위기개입

의미요법과 위기개입

현대 사회에서 사회, 경제, 건강 및 기술 분야에서 다양한 위기와 도전을 경험하고 있다. 건강 위기에서는 전염병의 확산과 만성질환의 증가로 인해 건강 상태가 위협받고 있으며, 급격한 변화와 스트레스로 인해 신체적 및 정신적 건강 문제가 부각되고 있다. 환경 위기에서는 기후 변화, 환경오염, 자연재해로 인해 지구 환경과 생태계가 영향을 받고 있으며, 이로 인해 지속 가능성 문제가 대두되고 있다.

경제적 불평등과 사회적 불안정성은 경제적 격차, 사회적 갈등, 인종 차별, 일자리의 변화, 개인정보 보안 문제, 기술 의존도 등과 같은 다양한 요인으로 인해 심화되고 있다. 정치적 갈등과 불확실성이 증가하고 있으며, 가족 구조의 변화와 사회적 연결성 감소로 인해 인간관계에 변화가 생기며 고립과 외로움의 문제가 더해지고 있다.

이러한 위기들은 개인의 심리적 건강, 사회적 안녕, 경제적 안정 및 지구 생태계에 영향을 미칠 수 있다. 이런 상황에서 의미와 목적을 찾는 것이 더욱 중요해지며, 의미요법과 같은 접근법은 이러한 위기 상황에서도 의미를 발견하고 긍정적인 변화를 이끌어 낼 수 있도록 도와줄 수 있다.

이 장에서는 현대사회의 위기와 관련된 절망과 자살, 폭력과 공격성, 중독과 관계 문제, 고통 · 죄책감 · 상실 문제, 사회적 무의미의 문제를 고찰해 보고자 한다.

1. 절망과 자살

현대 사회에서 자살은 점점 더 큰 문제가 되고 있다. 자살은 고통에 대한 반응으로 정신질환, 신체질환, 성격장애 또는 삶의 위기 상황에서 발생할 수 있다.

자살시도의 가장 중요한 예측 위험요인은 이전 자살행동, 중독, 정신장애로 추정한다. 지금까지 자살 위험평가에서 제한적인 진전이 있었지만 완벽한 평가 방법은 없다.

의미요법은 자살과 자살생각을 무의미한 것으로 간주하고 자살 위험에 처한 개인을 위기개입으로 돕는 것을 목표로 한다.

위기개입의 첫 단계는 여러 상황에 대해 이해하는 것이다.

1) 정신장애에서 급성 사건, 갑작스럽게 증가한 심리적 고통, 스트레스 혹은 정서적인 충격에 의해 발생하는 사건의 회

복 단계는 자살 위험이 증가할 수 있어 매우 중요한 시기이다. 내담자는 장애의 증상으로부터 호전될 수 있지만, 동시에 회복 후의 기간 동안 삶의 새로운 의미를 찾아야 한다. 의미 추구가 없으면 그 사람은 실존적 공허 상태가 되어 절망과 자살로 이어질 수 있다.

2) 또 다른 잠재적 자살 상황은 삶의 위기와 극심한 상실의 상황에서 발생할 수 있다. 사람은 앞일을 내다볼 수 없으나, 다시 오지 않는 이전 의미를 인식할 수는 있다. 이러한 위기 상황에서 위기개입을 통한 의미 탐색을 돕는 일은 매우 중요하다. 다른 사람이 의미를 찾는 길을 잃었을 때 용기 있게 위기 상황에 대응할 수 있도록 돕는 데는 태도적 가치가 가장 중요하다. 도움을 줄 수 있는 상담사는 의지의 자유와 의미에 대한 의지를 인식하게 할 수 있다. 남아 있는 것을 강조하면서, 소크라테스 대화를 통해 여전히 존재하는 자유 영역에서 의미를 찾도록 한다.

3) 성격장애, 특히 경계선 성격장애 상황에서 자해 및 자살 위협은 향후 자살에 대한 위험 요인이 될 수 있다. 이 상황에서 사람들은 자신의 행동에 책임을 질 자유와 능력을 가지고 있다고 생각한다. 우울한 사건을 경험한 사람의 자살 위협과 자살시도를 구분하는 것은 매우 어려울 수 있다. 첫 번째

경우, 고통받고 있지만 식별 가능한 정신장애가 없는 사람의 자살 위협은 '도움을 찾는 울음' 또는 '관심 끌기'이다. 그들은 일반적으로 자살계획은 없으며, 주로 충동적인 방법으로 행동한다. 점점 더 적응적인 방법으로 감정 표현을 하도록 돕는 것이 가장 의미 있는 위기개입이다. 이 사람들은 살고 싶지만 자해행동을 통해 자신의 고통을 풀고 있다. 그들은 긴장을 풀기 위해 몸에 고통을 가한다. 이러한 위기 상황에 대한 의미요법적 접근은 고통을 인정하고, 동시에 의지의 자유를 통해 효과적인 의사소통으로 감정을 표현하게 함으로써 변화를 권장하는 것이다. 그들의 고통이 진심으로 받아들여지면, 그들의 고통과 삶의 무의미함을 표현하는 방법으로 자해의 필요가 줄어든다. 과거는 변할 수 없지만, 의미 있는 행동으로 미래를 만들 수 있다. 실존분석에서 '핵심단어'로 표현될 수 있는 '의미에의 의지'는 의미의 문을 열어주는 기회이며, 이는 회복의 과정으로 이어지게 한다.

4) 마지막으로, 다른 형태의 자살은 만성질환으로 고통받는 개인과 노인에서 발생한다. 이러한 상황에서 자살은 정신장애 없이 계획되고 공개적으로 표현될 수 있다. 이러한 유형의 자살 위기에 대한 의미요법의 반응은 영적 차원의 재발견을 촉진하는 것이다. 그것은 어떤 개인에게 온전히 남아 있는 것이며, 이러한 인식을 통해 의미를 찾고, 의미 있는 행동을

장려하는 것이다. 고통과 불편을 완화하는 것은 고통에 대한 의미 있는 반응과 완화치료의 기본 원칙의 일부이다.

의미요법에서 개인의 의지의 자유를 인정하여 그가 무의미한 행동을 실현하고, 자살을 감행하면 더 이상 그 사람을 살릴 수 없다. 따라서 그가 의미를 찾을 수 있도록 도와야 한다.

함께 생각해봅시다.

※ 우리 사회에서 자살률을 낮추는 데 어떤 종류의 의미있는 개입이 도움이 될 것 같습니까?

2. 폭력과 공격성

오늘날 세상에는 다양한 형태의 폭력이 존재한다. 이러한 형태의 폭력 중 일부는 범죄 행위로 간주된다. 그러나 폭력이 항상 범죄로 간주되지는 않는다. 많은 경우, 폭력을 통제하려는 시도로 인해 생존을 위한 더 많은 폭력과 끝없는 갈등이 초래될 수 있다.

의미요법은 대부분의 폭력을 무의미감에 대한 반응으로 보는 경향이 있다. 폭력적 행동의 근본에는 실존적인 공허나 실존적인 고통(명백한 가치갈등)이 있을 수 있다. 의미에의 의지와 같은 인간의 영적 능력을 인식하지 않으면, 실존적인 좌절은 폭력적인 행동으로 나타날 수 있다.

도심에서 청소년들 간의 범죄행위에 대해서는 영적인 필요를 고려하지 않고, 빈곤에 대한 '물질적이고 신체적인 요구'로 접근하는 것은 소외감을 느끼고 자기발달의 기회가 부족한 청소년들에게 함정이 될 수 있다.

빈곤 지역에서 청소년들을 참여시키는 프로그램은 부담을 줄이기보다는 그들의 자유의지에서 오는 의미 있는 참여를 위해 상상력을 사용해야 한다. 이와 관련하여, 의미 있는 삶을 사는 청소년 지도자는 역할 모델로서 기여할 수 있으며, 의미 있는 활동과 삶에 대한 접근을 옹호할 수 있다. 감사는 영적 자유의지로부터 나온다.

테러는 최근 전 세계적으로 무의미한 폭력 현상으로 나타났다. 테러와 관련된 사람들은 합법적인 원인이 있는 곳에서 무의미한 행동을 취했다. 테러 가운데 자살테러의 형태로 나타나는 것이 '절망'이다. 테러는 소외감과 기회 부족, 가치 또는 보편적 진리에 대한 분명한 갈등으로 인해 발생한다. 실제로, 테러는 무의미한 범죄행위를 감추고 있다.

신체, 마음, 영성의 3차원적 접근 방식을 가진 의미요법은 대화와 화해의 수단으로 사용되어 내부 갈등을 해결하고 사람들 간의 갈등을 해소하는 의미 있는 방법을 찾는 데 도움이 되었다. 이러한 갈등 해결의 첫 번째 단계는 서로를 이해하기 위해 '자기거리'를 두는 과정이다. 두 번째 단계는 상대방의 존엄성과 고유성을 존중하며 상대방에게 다가가는 것이다. 지역사회 참여는 다른 사람에게 영감을 줄 수 있는 성공적인 이야기를 찾아 이루어질 수 있다.

마지막으로, 무의미한 폭력의 또 다른 원인은 반사회적 성격장애를 가진 사람들로부터 비롯될 수 있다. 이러한 사람들은 다른 사람들에 대한 관심이 없고, 해를 끼치는 것에 대해 후회나 죄책감을 느끼지 않는다. 이러한 경우, 의미요법은 개인이 실존적으로 좌절하거나 사법 체계에 직면하거나 위기 상태일 때 개입할 수 있다. 생물학적으로 조건화되어 있어서 공감을 못하더라도, 개인의 자유의지는 더 의미 있는 선택을 하도록 행동하게 할 수 있다.

함께 생각해봅시다.

※ 오늘날 전 세계적으로 폭력을 다루는 가장 효과적인 방법은 무엇이라고 생각합니까?

3. 중독과 관계문제

중독에 대한 의미요법적 접근은 인간의 영적 차원을 치유의 원천으로 간주한다. 영적 차원의 의지를 통해 사람은 중독행동의 해로운 영향을 막기 위해 의미 있는 결정을 내릴 수 있다.

모든 형태의 중독은 고전적인 조건형성을 통해 중독행동에 연루된 후, 즉각적인 만족감에 취약한 개인에게 일시적인 충족감을 제공하여 지속된다. 이 중독 이론은 알코올, 도박, 성 중독, 인터넷 중독 및 성적인 방법을 포함한 다양한 형태의 중독을 설명하는 데 적용될 수 있다.

의미요법은 개인이 중독 행동을 중단할 수 있도록 동기 부여하는 데 도움이 될 수 있다. 또한 중독을 피하는 데 도움이 되는 의미 있는 대안을 찾는 데도 도움이 될 수 있으며, 이를 통해 중독을 초월할 수 있다. 제임스 크룸바흐가 '문제 해결사'를 위해 고안한 의미분석은 일련의 7단계로 나누어진 유용한 의미치료적 방법이다.

1) 삶의 태도 선택

이는 인간을 기계가 아니라 영적 차원을 인식할 수 있는 자유의지를 가진 존재로 이해하는 것을 의미한다.

2) 가치 상실의 경험

한동안 중독 문제를 겪은 많은 사람들은 개인적인 상실을 경험하며 자존감이 낮았다. 슬픔의 과정(부정, 분노, 타협, 우울, 수용)을 설명하여 내담자가 마지막 단계인 수용까지 진행할 수 있도록 도울 수 있다.

3) 자신감 구축

이 단계는 자신감을 회복하기 위한 것이다. 여기서 호소기법(자유의 힘 훈련)은 의지에 대한 신뢰를 강화하는 역할을 할 수 있다.

4) 창조적 사고

이 단계에서는 중독 문화 또는 환경 외부에서 대안적인 의미 있는 활동을 고려해야 한다. 의미 있고 목적이 있는 목표들을 달성하려면 보완적인 의미요법의 기법을 사용해야 할 수도 있다.

5) 만남

이 단계에서 사람은 관계를 탐색하고 다른 사람들과 연결하는 것에 얼마나 많은 의미가 있는지를 탐색한다. 일반적으로 의미 있는 활동에 참여하려면 다른 사람들과의 만남이 필요하다. 이는 피상적 접촉보다 더 깊은 의미를 갖는 것을 의미한다.

6) 반성제거

이 단계는 자기초월을 포함하는 기본 의미요법의 기법 중 하나에서 이름을 가져왔다. 사람은 자유롭게 선택한 의미 있는 활동에 참여해야 한다.

7) 헌신

마지막 단계는 연속성 및 재발 방지와 관련되어 있다. 일부 중독 성격을 가진 개인은 중독될 수 있는 도움 활동에 참여하려 할 수 있다. 그 결과 소진의 위험이 발생하여 본래의 의미를 상실할 수 있다.

이 방법은 다른 형태의 중독에서도 사용될 수 있다. 의미요법은 단독으로 사용할 수도 있고, 자기 인식에 중점을 둔 알콜 중독자 갱생회(AA)의 12단계 프로그램과 같은 다른 방법과 함께 사용할 수도 있다. 의미요법은 중독 문제가 아닌 지역사회의 다른 사람들에게 접근하고, 자기초월을 강조하면서 AA를 보완한다. 의미 분석의 단계별 접근 방식을 통해 경험적, 창조적 및 태도적 가치를 탐구하고 의미를 발견할 수 있다.

함께 생각해봅시다.

※ 중독문제를 치료할 때 의미요법의 자리는 어디라고 생각합니까?

4. 고통의 의미 찾기 : 고통, 죄책감과 상실

1) 만성질환

만성질환에 인간 존재의 비극의 삼각형이라고 할 수 있는 고통, 죄책감, 상실이 포함되어 있다. 또한 무의미감은 만성질환의 특정 증상이 어떻게 인식되는지에 영향을 미친다.

개인들은 동일한 질병을 인식하는 방법에 차이가 있을 수 있다. 만성질환에서는 증상과 치료가 지속되어 일부는 다른 장애보다 더 많은 어려움을 유발할 수 있다. 질병이 시작될 때 개인의 발달 성숙도와 임상 증상 발현 이전의 성격은 개인이 질병에 어떻게 반응하고 적응할지를 고려해야 하는 요소이다.

프랭클은 영적 차원이 여전히 존재하며, 개인의 자유의지는 나머지 영역에서 의미를 찾는 데 활용될 수 있다고 주장한다. 이러한 원칙은 신체질환과 정신적 장애에도 동일하게 적용된다. 후자는 대개 개인의 생애동안 반복적으로 나타난다.

고통, 죄책감, 상실은 존재할 수 있기 때문에, 실존적인 문제가 해결될 때까지 시간이 걸릴 수 있다. 고통, 죄책감, 상실을 다루는 순서는 개인에게 달려있어 그것들의 중요성에 따라 달라진다.

2) 말기질환

말기질환은 죽음이 임박한 상황을 특징으로 한다. 이러한 상황에서 고통, 죄책감, 그리고 상실을 경험할 수 있다. 고통은 내담자가 상담사와 상담할 필요성을 알리는 증상이 될 수 있으며, 질병이 진행되면서 악화될 수 있다. 죽음이 임박하다는 사실은 과거에 대한 죄책감을 유발할 수 있으며, 이전 삶의 상실감도 강렬해질 수 있다.

엘리자베스 퀴블러 로스는 죽어가는 단계를 설명하며, 이 단계는 사별의 단계로도 적용될 수 있다고 언급했다. 이 단계는 부정, 분노, 타협, 우울증, 수용으로 구성된다. 이러한 단계를 통해 내담자를 지원하고 도움을 주어 최종적으로 수용의 단계에 이를 수 있도록 하는 데 의미요법이 유용하다고 퀴블러 로스는 언급했다.

말기질환 진단 이후에도 의미를 찾는 것은 여전히 가능하며, 이는 고통을 완화하는 데 사용될 수 있다. 의미요법은 내담자가 자신의 삶에 의미와 목적을 발견하고 죽음에 직면할 때 내담자를 지원하는 데 도움을 줄 수 있는 중요한 방법이다.

3) 완화치료

의미요법은 완화치료 분야에서 명성을 얻었으며, 만성질환으로 고통받는 사람들의 삶의 질을 향상시키는 효과를 보여준다. 의미요법은 완화치료법을 옹호하며, 이러한 맥락에서 의료사역으로 간주된다.

내담자와 상담사 사이의 개인적인 만남은 경험적인 상황이며, 상담사는 명백한 부정성이 존재하는 여러 상실의 단계에도 불구하고 내담자의 의미에 대한 이해와 수용에 도달할 수 있다. 내담자는 상담사의 존재를 용기있게 질병을 받아들이는 데 필요한 촉매제로 볼 수 있다.

비록 사망하기 전에 수용 단계에 도달하지 못하더라도, 가장 중요한 것은 인간이 마지막 숨을 거둘 때까지 온전한 영적 차원을 나타내는 것으로서, 의미를 탐색하고 그것의 존재를 인식하는 것이다.

4) 고통

의미요법은 만성통증이 있는 상황에서 사용된다. 통증이 기존의 '진통제'에 반응하지 않는 상황이 있을 수 있다. 이는 약물이 효과가 없는 만성적인 통증의 특성으로 인해 발생할 수 있다. 이러한 경우에는 더 많은 용량이 필요하다. 섬유근육통과 같은 상태에서는 생물학적인 원인이 의심되며 심리적 요인과 관련이 있다. 특정 유형의 만성두통에도 동일하게 적용된다.

만성통증 속에서 사람의 삶은 통증에 초점을 맞추기 시작하여, 이전에 즐거움의 근원이었던 삶의 다른 측면을 놓치게 된다. 의미요법은 만성통증에서 고통의 원천으로 통증을 인정하고, 의미가 발견될 수 있는 다른 삶의 영역을 언급함으로써 역할을 한다. 의미에의 의지는 이미 해당 개인에게서 나타날 수 있으며, 상담사의 역할은 그것을 의식적으로 인식하고 안정적이고 지지적인 관계 속에서 가져오는 것이다. 고통을 겪는 사람이 혼자가 아니라는 인식은 위로의 근원이 될 수 있으며, 의미(사랑)를 찾는 경험적인 과정이 될 수 있다.

만성통증에 대한 개인의 태도도 의미를 찾는 데 중요한 것으로 나타난다. 오늘날 사회는 통증에 대한 '진통제' 접근의 문화에 영향을 받기 때문에, 문제의 근원을 찾는 대신 더 많은 시간과 노력, 의미를 찾는 과정이 필요하다.

5) 죄책감

인간 존재 비극의 삼각형의 두 번째 요소는 죄책감이다. 여기서 우리는 의미 있는 인간 상호작용을 위해 존재해야 할 죄책감에 대해 이야기하고 있다. 죄책감을 경험할 가능성이 없는 사람이나 그러한 특성을 가진 사회는 개인적이고 사회적인 기능 장애로 이어질 것이다.

죄책감은 비극의 삼각형의 세 가지 다른 구성 요소인 고통과 상실과 함께 존재할 수도 있고, 의원성 손상의 예와 같이 더 고립되어 나타날 수도 있다.

의원성 손상은 해를 끼칠 의도가 없는 전문가에 의해 발생하는 손상을 의미하며, 일반적으로 내담자의 불만이나 치료 결과의 검토를 통해 인식된다. 이러한 상황에서 상담사는 손상의 정도를 인식해야 한다. 손상은 과실로 인한 것일 수도 있고 아닐 수도 있지만 어떤 경우에도 조치 과정은 향후 유사한 상황이 올바르게 처리될 수 있도록 가능한 모든 조치를 취해야 한다. 상담사는 내담자에게 그 사건을 알리는 책임을 져야 한다.

이렇게 죄책감은 상담사에게 의미를 찾는 데 유용한 도구가 될 수 있으며, 이는 내담자에게 의미를 찾는 데에도 영향을 줄 수 있다.

과실의 경우에, 재판 후 상담사는 전문적인 위법행위로 유죄 선고를 받을 수 있다. 그 다음에는 치료로 인해 내담자에게 발생할 수 있는 모든 손해에 대해, 정의를 세우기 위한 일종의 선고가 내려진다. 내담자와 상담사는 모두 궁극적인 의미와 관련하여 순간적인 의미를 탐색하는 과정을 거친다.

6) 상실: 슬픔과 사별

의미요법은 슬픔과 사별에 사용되어 엘리자베스 퀴블러-로스가 기술한 단계를 따를 수 있도록 도와준다. ①부정 ②분노 ③타협 ④우울증 ⑤수용.

사랑하는 사람을 잃을 때는 사별의 과정에서 극심한 슬픔이 느껴질 수 있다. 비정상적인 슬픔이나 병적인 슬픔 상태가 발생할 수 있다. DSM-5(미국 정신의학협회)는 사별과 관련된 적응장애 및 추가 연구를 위해 부록에 '사별 관련 장애'의 기준을 제시하고 있다.

프랭클은 현재의 의미를 찾는 것은 우리에게 달려있다고 말했다. 이를 위해 내담자는 과거의 관계에서 의미 있는 순간들을 되돌아보고, 그것들을 미래의 의미를 향하도록 계획하는 시간표 기법이 도움이 될 수 있다는 것을 밝혀냈다.

내담자가 남은 것들과 함께 삶에서 의미 있는 활동들을 찾도록 권장되는 반성제거는 내담자가 순간의 의미를 찾는 데 도움이 될 것이다. 사별의 단계를 진행하기 위해 인간의 영적인 힘을 발휘하며, 특정한 태도 변화가 필요하기 때문에, 반성제거는 상실한 사람을 잊으려는 것이 아니라 존중과 자기초월의 영예로운 행위로 간주된다.

함께 생각해봅시다.

※ 인간 존재의 비극의 3인조와 의미요법이 어떻게 적용되는지에 대한 사례를 제시할 수 있습니까?

5. 사회적 무의미

프랭클은 청소년 시기에 고등학생들을 도왔고, 의과대학에서 자살예방 진료소를 설립하면서 의미요법을 개발하기 시작했다. 그는 나치 강제수용소에서의 경험을 통해 의지의 의미와 고통의 의미에 대한 가능성을 탐구하였다. 그의 주요 작품은 2차 세계대전 이후의 맥락에서 일반 대중과 연관이 있다. 불행히도 21세기는 그의 사회적 무의미에 대한 예언이 현실이 된 것으로 나타났다. 오늘날 우리의 세계는 세계화, 다문화주의, 문명 충돌, 의사소통의 증가, 불평등 증가, 근본주의, 테러 위협, 자연 자원의 남용, 개인의 고립 등으로 특징지어지고 있다. 자연재해, 전쟁, 경제적인 어려움 등의 위기 상황에 대처하기 위해 위기예방보다는 위기개입이 더 많아지는 추세이다.

이러한 상황에서도 전 세계에는 의미있는 공동체와 희망의 메시지를 전하는 수많은 지도자들이 있다. 프랭클의 의미요법은 이러한 의미의 '오아시스' 안에 존재한다.

프랭클은 현재 사회적 무의미(집단 신경증)의 특징을 설명했다.

잠정적 태도는 모든 것이 언제든지 끝날 수 있으며, 노력할 가치가 없다고 생각하면서 하루하루를 살아가는 태도를 의미한다. 이 태도는 자신의 미래에 대해 비관적이고 무기력한 태도를 보여준다.

운명적 태도는 모든 것이 외부적인 힘에 의해 지배되며, 개인의 생각과 계획은 중요하지 않다는 태도를 말한다. 이 태도는 개인에게 주도권을 박탈한다.

집단적 태도는 개인의 개성과 책임을 포기하고 다수의 선택을 따르려는 태도이다. 이 태도는 개인적인 신념이나 가치를 포기하고 집단과 조화를 이루려고 한다.

광신적 태도는 상대적 가치를 절대적인 가치로 고정시키려는 태도이다. 이 태도는 타인에 대한 편견과 적대감을 가질 수 있으며, 열린 마음을 갖지 못하게 한다.

의미 있는 변화를 향한 첫 번째 단계는 이러한 문제를 인식하기 위한 '자기거리감' 관점(사건을 객관적 시선으로 바라보게 함)이다. 집단 외부의 다른 사람들과 접촉하는 것은 태도 변화를 위해 필요한 자기초월적인 구성요소가 될 것이다.

함께 생각해봅시다.

※ 의미요법은 공동체를 건강하게 하는 데 어떤 기여를 할 수 있습니까?

제15장

초월적 자살 위기개입 모델

초월적 자살 위기개입 모델

　의미요법은 내담자의 위기에 개입하고 치료하는 데 사용한다. 의미요법은 인간을 생물학적, 심리적, 영적 영역의 3차원적 존재로 본다. 전자의 두 가지 영역인 생물학적, 심리적 영역은 여러 전문가가 다루기 때문에 다학제적 접근을 통해 치료할 수 있다. 그러나 영적 영역에는 자기발견, 자기분리, 자신의 독특성 인식, 선택의식, 책임감 깨닫기, 자기초월 능력 등 인간적인 능력들이 자리하고 있다. 그러므로 이러한 영역은 소크라테스 대화 기법을 사용하여 자기 자신을 발견할 수 있다.

　소크라테스 대화 기법은 그리스 철학자 소크라테스의 이름을 따온 것으로, 학생들이 대화를 통해 자기 자신을 발견하도록 돕기 위해 사용된다. 내담자는 자기분리를 통해 외부에서 자기 자신을 객관적으로 바라볼 수 있게 되며, 이를 통해 자기 선택과 그에 대한 책임을 깨닫게 된다. 그 결과로 개인은 보통 자아중심적 상태에서 자기를 초월하여 다른 것을 향할 수 있다.

의미요법은 네 가지 치료 단계를 갖는다. 그것은 반성제거(증상으로부터 자기거리 두기), 태도수정, 증상감소, 의미지향(의미 있는 활동과 경험을 향한 방향 잡기)이다.

1단계 : 반성제거

내담자가 자기 자신과 자신의 증상 또는 문제와 거리를 두게 하는 것이다. 자존감 하락, 자기 존중감 상실, 열등감, 절망감 등으로부터 자기를 분리하도록 도와준다.

2단계 : 태도수정

내담자가 거울에 자기 자신을 보는 것과 유사한 객관적인 시각에서 자신을 바라보도록 도와준다.

3단계 : 증상감소

소크라테스 대화를 통해 내담자가 자기 자신을 객관적인 시각으로 바라볼 수 있도록 도와준다. 내담자가 자기 자신을 더 객관적인 시각에서 바라볼수록 증상이 감소할 수 있다.

4단계 : 의미지향

바른 마음가짐을 강화할 수 있도록 의미 있는 활동과 경험으로 방향을 잡도록 한다.

제리 롱의 '초월적 위기개입 모델'은 상기한 네 가지 의미요법 단계를 증명하는 데 사용할 수 있다. 이 모델은 롱 자신이 사고로 인해 목 아래 어깨로부터 하반신이 마비된 경험에서 나왔다. 그것은 내담자들이 사랑하는 사람의 상실, 관계의 파탄, 안정된 직장에서의 해고, 갑작스러운 사고 등 위기관리에 사용할 수 있다. 롱은 내담자들에게 듣고 배움으로써 위기를 성공적으로 관리하고 난 후 치료를 포함한 확장된 위기개입 모델을 개발하였다. 롱의 모델은 일곱 단계로 구성(그림 5)되어 있으며, 내담자에게 먼저 각 단계를 설명하고, 자신이 어느 단계에 위치해 있는지 이야기해 달라고 할 수 있다. 이 모델을 활용하여 내담자들은 자신의 위기 상태를 이해하고, 의미 있는 목표를 설정하여 더 나은 방향으로 나아갈 수 있도록 도움을 받을 수 있다.

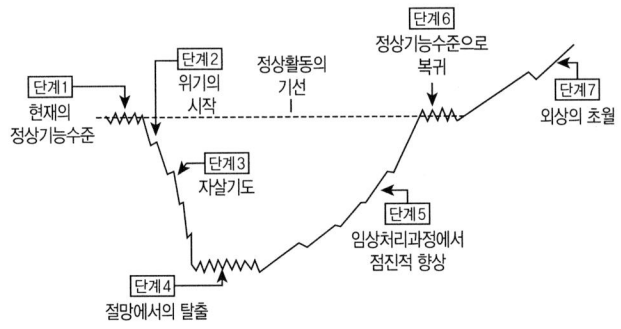

〈그림 5〉 제리 롱의 초월적 위기개입 모델

아래의 7단계는 각 단계의 의미와 단계마다 적용할 수 있는 의미요법의 기법을 제시하고 있다.

1단계 : 정상 기능 수준

이 단계는 '일반적인 상태'를 나타내며 각자 독특성에 따라 다른 모습을 보인다(지그재그 라인으로 표현됨). 평균적인 인구와 마찬가지로, 어떤 사람들은 현재의 의미와 보편적 의미를 발견하지만, 많은 사람은 의미를 찾고 있거나 아직 의미를 발견하지 못한 상태이다.

이 단계에서는 의미요법 기법을 적용할 필요가 없다. 대부분 사람은 본능적으로 위기 상황에 대처하기 위한 인간의 도전적인 영적 힘을 갖고 있어서 그들의 삶의 위기를 극복할 수 있다. 그들은 어려움에 부딪혔을 때 적극적이고 건설적인 대처기제를 사용하여 생존할 수 있다. 하지만 이러한 잠재력을 직관적으로 발현할 수 없는 사람들에게는 의미요법의 초월적 위기개입이 필요하다(이러한 사람들은 자신의 삶에 큰 의미를 보지 못하며 목적 있는 방향을 잃어버린 상태일 수 있다).

2단계 : 위기의 시작

이 단계는 '위기의 시작'을 의미한다. 생물학적, 심리적 및 영적 차원이 모두 영향을 받으며 '인간의 도전적인 영적 힘을 발휘하지 못하는 상태'이다. 전형적인 증상으로는 허무주의적 사고, 감정적인 증폭, 타인과의 고립, 수면장애, 개인위생의 악화, 식습관 변화, 그리고 신체적 고통을 무감각하게 만들기 위한 약물 남용이 포함된다. 또한 무가치감과 자살충동이 시작되거나 악화한다. 절망으로 이어지는 '희망 없음-두려움-희망 없음-우울증'의 악순환이 생긴다.

이 단계에서 적용할 수 있는 의미요법 기법은 소크라테스 대화와 태도수정 기법이다. 이 단계에서는 삶의 의미를 찾지 못하는 사람들이 심리적 공허나 신경증에 더 깊이 빠질 수 있다. 그러므로 소크라테스 대화는 많은 정보를 수집하는 데 도움이 되므로 내담자를 위협하지 않으면서도 도움이 된다. 여기에서 목표는 문제를 해결하는 것이 아니라 내담자가 사는 이유를 깨닫도록 하는 것이다. 이는 내담자가 절망의 무한한 심연에서 벗어나 인생의 일부를 의미 있고 긍정적으로 보게 하여 자살을 유일한 선택으로 보지 않게 한다.

태도수정 기법은 소크라테스 대화와 함께 사용되어 삶의 의미를 도출하는 것뿐만 아니라 내담자가 이전에 잠재적으로 비활성화되어 있던 영적 차원에 더 많이 접근할 수 있도록 도와서 인간의 도전적인 영적 힘을 활성화한다. 따라서 내담자는 삶을 조절하는 자신의 일부를 되찾아 더 견고한 정체성과 목적감을 느끼게 된다.

3단계 : 자살시도

이 단계에서는 실존적 공허를 체험하는 것에서 절망 상태로 이동한다. 자살 충동은 종종 자살 행동이나 계획으로 변화된다. 이 '감정적이고 영적 근시안성'은 자살을 유일한 해결책으로 보이게 한다.

3단계에서 적용할 수 있는 의미요법 기법은 소크라테스 대화와 태도수정 기법 외에도 '반성제거' 기법이 추가된다. 이를 통해 내담자는 달성하지 못한 의미 있는 활동이나 개인 목표에 주의를 집중할 수 있다. 이는 내담자가 즉각적인 고통에서 벗어나 자살이나 절망에 초점을 맞추는 대신 긍정적인 대안으로 이동하는 데 도움이 된다.

4단계 : 절망 상태

이 단계는 최악의 상태를 의미한다. 내담자는 3단계보다 혼란스러우며 의미 있는 선택을 할 수 없다. 사실, 아직 선택할 수 있는 것들이 있지만 인간의 도전적인 영적 힘이 막혀 있다. 그들은 자신의 삶에 의미를 보지 못한다.

4단계에서는 2단계와 마찬가지로 자살 위험이 가장 큰 단계이다. 따라서 이 단계에서 적용할 수 있는 의미요법 기법은 소크라테스 대화와 태도수정 기법이 가장 적절한 기법이다. 이러한 기법은 비지시적이고 위협적이지 않기 때문에 내담자의 취약한 정서적 상태를 흔들지 않는다.

5단계 : 임상 처리 과정에서 점진적인 향상

이 단계는 자살 충동과 즉각적인 위기가 사라진 단계이다. 내담자와 상담사 간에 신뢰가 생겨서 개방적이고 정직한 대화가 이루어진다. 건설적인 치료 계획에 따라 문제를 해결할 수 있게 된다.

이 단계에서는 4단계와 마찬가지로 소크라테스 대화, 태도수정 기법, 반성제거를 사용한다. 의미요법 상담사는 내담자가 치료 과정에서 얻은 통찰력을 높이기 위해 지식을 활용하도록 도와준다. 내담자는 몇 가지 목표를 달성하고, 더 견고한 정체성을 형성하며, 삶의 과제에 대해 우선순위를 정하고, 관계를 통해 타인과의 상호작용을 개선한다. 또한 더 명확한 목적과 방향을 갖추고 대인관계 기법을 향상하게 시키며, 삶의 의미를 더욱 높인다. 그리하여 도전적인 영적 힘을 사용하는 방법에 대한 인식을 향상시키도록 도와준다.

이 단계에서는 내담자가 대처할 수 있는 것으로 가정되므로 '역설적 의도' 기법이 추가될 수 있다. 이 단계의 끝에서 내담자는 안정되고 상태가 개선되어 6단계로 이동할 수 있다.

6단계 : 정상 기능 수준으로 복귀

이 단계는 내담자가 이전의 기능 수준(위기 이전 수준)으로 돌아가는 단계이다. 내담자의 상태가 현저히 개선되었다.

이 단계에서는 내담자의 자존감이 이제는 낮아지지 않고

더 긍정적인 시각을 표현할 수 있다. 내담자는 이전 기능 수준을 넘어서기 위한 기법을 원하며, 위기 이전 수준보다 높은 수준으로 발전하기 위해 노력한다.

대부분의 다른 유형의 치료와 달리 의미요법은 이 단계에서 멈추지 않는다. 목표는 내담자가 7단계(외상 초월)에 이르기 위해 내담자를 이끌어 더 높은 수준으로 발전시키는 것이다. 위에 언급한 모든 방법이 내담자의 필요에 따라 이 단계에서 중요하다.

7단계 : 외상의 초월

마지막 단계는 외상을 초월하는 단계이다. 내담자는 이전 수준보다 훨씬 높은 '영적 기반'의 삶을 살게 되며, 영적 자원에 대해 인식하고 그것들을 의지하게 된다. 내담자는 이제 자기 삶에 의미가 있다고 느끼게 된다.

이 단계에서는 재발을 예방하거나 관리하는 것이 중요하다. 치료 회기는 점차 간격을 두어서 내담자가 이전 세션에서 배운 것을 활용하도록 한다. 이 단계에서 가장 자주 사용되는 방법은 태도수정 기법이다. 하지만 상황이나 내담자에 따라 다른 기법들도 사용될 수 있다. 최종적으로 위기개입 후에 내담자는 더 견고한 정체성과 의미 지향성, 명확한 목적과 방향, 대인관계의 향상, 대처능력 강화, 삶의 의미에 대한 깊은 깨달음, 높은 자아초월 수준을 가지고 있을 가능성이 크다. 이 시점에서 내담자는 의미요법 개입의 궁극적인 목표인 자아초월의 달성과 인간 본성의 실현에 도달한 것으로 여겨진다.

의미요법은 내담자들을 그들의 정상적인 기능 수준으로 복원하는 것 이상의 것을 제시한다. 이는 내담자들이 의미를 재발견하고 의미 있는 목표를 지향하도록 도와 더 높은 수준의 자아초월을 이루는 데 도움이 된다.

참고문헌

- 이광자·이기춘·하상훈·박현규·오승근(2013). 전화상담의 이해. 파주 : 정민사

- 이남표(2000). 의미요법. 서울 : 학지사

- 정광호 글, 김창배 그림(2011). 향기와 빛명상이 있는 그림찻방. 로대

- Asagba, R. B. &Marshall, M.(2016). The Use of Logotherapeutic Techniques in the Identification and Intervention Stages of Treatment with Persons with Substance Use Disorder. AFRREV, 10 (3), S/NO 42

- Costello, S. J.(2019). Applied Logotherapy: Viktor Frankl's

Philosophical Psychology. Cambridge Scholars Publishing.

- Fabry, J. F.(1980). The Pursuit of Meaning : Viktor Frankl, Logotherapy, and Life. Harper & Row ; 고병학 역(1985). 의미치료. 서울 : 하나의학사

- Frankl, V. E. (1959). From death-camp to existentialism: A psychiatrist's path to new therapy. Boston: Beacon Press ; 심일섭 역(2004). 극한 상황 속의 인간심리분석. 서울 : 도서출판 한글

- Frankl, V. E.(1967). Psychotherapy and Existentialism. Washington Square Press. ; 이봉우 역(1983). 심리치료와 현대인. 왜관 : 분도출판사

- Frankl, V. E. (1969). The Will to Meaning. Foundations and Applications of Logotherapy. New York: New American Library ; 이봉우 역(1980). 로고테라피의 이론과 실제. 왜관 : 분도출판사

- Frankl, V. E. (1975). The Unconscious God. New York : Simon and Schuster. ; 정태현 역(1979). 왜관 : 분도출판사

• Fankl, V. E. (1984). The Unheard Cry for Meaning. Psychotherapy and Humanism. Washington Square Press/Pocket Books: New York, NY.; 오승훈 역(2017). 의미를 향한 소리 없는 절규. 서울 : 청아출판사

• Frankl, V. E. (1984b). Man's Search for Meaning. An Introduction to Logotherapy. Newly Revised and Enlarged, Third Edition. New York : A - Touchstone Book by Simon & Schuster ; 김충선 역(1995). 죽음의 수용소에서. 서울 : 청아출판사

• Frankl, V. E. (1986). The Doctor and the Soul. Revised and Expanded. Second Vintage Books Edition. New York : A Division of Random House. ; 심일섭 역(2022). 프랭클의 실존분석과 로고데라피. 서울 : 도서출판 한글

• Frankl, V. E. (1986). The Doctor and the Soul. New York, NY: Vintage Books.

• Frankl, V.(2019). Men's search for meaning, Boston : Beacon Press ; 이시형 역(2020). 빅터 프랭클의 죽음의 수용소에서 : 죽음조차 희망으로 승화시킨 인간 존엄성의 승리. 서울 :

청아출판사

• Frankl, V.E. & Kreuzer, F.(1986). Im Anfang war der Sinn : von der Psychoanalyse zur Logotherapie. Piper. ; 김영철 역 (2006). 태초에 의미가 있었다. : 정신분석에서 로고테라피로. 왜관 : 분도출판사

• Leslie, R. C.(1965). Jesus and Logotherapy : The Ministry of Jusus as Interpreted Through the Psychotherapy of Victor Frankl. New York: Abingdon. ; 도병일 역(1991). 예수와 의미요법. 서울 : 혜선출판사

• Long, J. C. (1994). Logotherapeutic transcendental crisis intervention. The International Forum for Logotherapy, 20(2), 104-112.

• Marshall, M(2009). Life with Meaning : Guide to the Fundamental Principles of Viktor E. Frankl's Logotherapy. Maritime Institute of Logotherapy

• Marshall, M. & Marshall, E. (2012). Logotherapy revisited. Review of the tenets of Viktor E. Frankl's Logotherapy.

Ottawa, Canada: Ottawa Institute of Logotherapy Press.

· Marshall, M. & Marshall, E. (2017). Experiences with a mountain range recipe exercise. The International Forum for Logotherapy, 40, 7-15.

· Ramesh, A. (2022). Logotherapy : Principles, Techniques, Examples & More. The pleasant mind.

· Ras, J. M.(1998). The psychotherapeutic method (Logotherapy) of Victor Frankl Studies on Psychology. Annual Volume 1, Nr. 1, 154-163.

· Ras, J. M.(2000). An evaluation of the logotherapeutic techniques of Victor Frankl. The University of Zululan.

· Sahakian, W.S.(1970). Psychotherapy and Counseling : Studies in Technique ; 서봉연 · 이관용 역(1987). 심리치료와 카운슬링. 서울 : 중앙적성출판사

책 마무리에

생명의전화, 나, 의미

   대학에서 심리학을 전공하였던 나는 졸업하고 상담 관련 기관에서 봉사하고 싶었다. 때마침 1988년 여름 인천생명의전화에서 상담원 양성교육 프로그램에 참가했다. 교육 이수 후 상담원이 된 나는 매월 1회 10시간씩 야간에 전화상담 봉사를 하였다. 전화선을 통해 들어온 상담 내용은 내가 예상했던 것보다 훨씬 복잡하고 어려운 문제들이었다. 전화상담의 내용은 가정문제, 진로문제, 대인관계문제, 정신건강 문제, 자살 위기의 문제 등 온갖 문제들의 종합전시장이었다.
   내담자들의 어려운 문제를 전화 한 통화로 해결해 주기는 어려웠다. 그러나 그들의 이야기를 비판하지 않고 경청하고 공감해 주다 보면 그들 스스로 문제의 해답을 찾아가는 경우가 많았다. 나는 상담 봉사하는 일이 매우 중요하고 의미 있다고 생각했다. 그래서 내가 살고 있던 부천에서 생명의전화를 설립하는 실무 책임을 맡아서 일했다. 그 결과 1992년 봄

부천생명의전화가 탄생이 되는 기쁨을 맛보았다.

　1993년 가을에는 서울생명의전화 스텝으로 일할 수 있는 기회가 주어졌다. 그 이후 나는 서울에서 30년 이상을 생명의전화와 함께 했다. 그동안 의미 있게 사는 많은 사람들을 만나서 배우고 성장하는 특권을 얻었다. 그리고 많은 상담을 하면서 내담자들이 원하는 것은 '의미를 찾는 절규'였다는 것을 깨달았다. 심지어 자살위기에 처한 사람들도 결국 '의미에의 의지'가 좌절되었기 때문인 것이었다. 내가 자살예방 전문가로 일하면서 알게 된 것은 자살 문제의 해결법은 무의미를 넘어 의미를 찾게 하는 것이다. 지금 당장 처해있는 힘든 상황을 바꿀 수는 없지만, 그 상황에 대한 자신의 태도를 바꿀 수 있는 자유가 있었다. 그 자유의지를 활용하여 자기 인생의 문제에 대해 책임성 있게 대처해 나가게 하는 것이다.

　지난 세월을 돌이켜 보니 생명의전화는 의미를 생산하는 공장과도 같았다. 그래서 생명의전화에는 늘 의미가 넘쳐흘렀다. 그래서 내가 이곳에서 오랫동안 함께 할 수 있었던 것 같다. 생명의전화는 두 가지 축을 가지고 움직였다. 하나는 훈련받은 자원봉사자였고 다른 하나는 전화였다. 훈련받은 자원봉사자가 되려면 철저한 전화상담교육을 받는다. 교육을 통해 자원봉사자들은 자기 자신을 잘 이해하게 되고, 가족과 친구와 이웃과 직장에서의 원만한 관계를 맺으며 살 수 있게 된다. 자기를 초월하여 다른 사람들과의 새로운 관계는 분명

그들에게 의미를 갖다 주었다.

또 다른 하나는 전화이다. 전화는 서로 단절되고 분열된 세상을 따뜻한 목소리로 연결시켜준다. 외롭고 고독한 사람들, 삶의 의미를 잃고 자살위기에 처한 사람들이 전화를 통해 자기를 이해해 주는 누군가와 만나게 된다. 상담자는 내담자에게 "당신은 소중한 사람이며 혼자가 아닙니다."라는 메시지를 전달한다. 그들은 큰 위로를 받게 되며, 용기와 희망, 긍정적인 삶의 태도를 갖게 된다. 상담원들이 그 자리에 있음으로 세상은 서로가 서로를 보살피는 아름다운 공동체가 되게 한다. 자원봉사 상담원들은 아무 외적 보상이 없는데도 10년, 20년, 30년 이상 일생 봉사하고 있다. 그들의 봉사는 외적 보상을 받지 못해도 '의미'와 '보람'이라는 내적 보상을 받게 한다.

이 책을 쓰게 된 직접적인 이유는 생명의전화 상담원들이 소진되지 않고 의미 있게 계속 봉사할 수 있도록 하기 위해서다. 그리고 상담원들이 삶의 의미를 잃고 우울과 자살의 뒷골목에서 방황하는 사람들과 상담할 때 의미요법적 시각의 중요성을 말해주고 싶었다. 이 책은 의미요법에 관심 있는 분들, 무의미로 실존적 공허와 좌절에 빠져있는 사람들에게 자기 삶의 의미를 찾아가는 로고힌트(logohint)가 될 것이다.

먼저 이 책을 쓰는데 많은 영감과 도움이 된 캐나다 의미요법연구소의 마리아와 에드워드 마샬의 연구 자료에 깊은 감사의 마음을 전한다. 그리고 이 책의 추천사를 써주신 감리교신학대학 이기춘 전 총장님과 이화여자대학교 이광자 명예교수님, 그리고 제 박사학위 논문을 지도해 주신 김흥규 인하대학교 명예교수님께 감사와 존경의 마음을 전한다. 끝으로 이 책을 꼼꼼히 교정해 주시고 출판을 기꺼이 허락해 주신 '출판사 옛길'에게 진심 어린 감사의 인사를 드린다.

2023.10
서울 월곡동에서 저자

삶의 의미를 찾아가는 여정
- 의미요법의 원리와 실제

글쓴이	하상훈
펴낸이	박정애
펴낸곳	출판사 옛길
등 록	제 399-2014-000033호
주 소	강원도 횡성군 우천면 전재로 271
인쇄 · 발간	2023년 10월 10일
이메일	violetbleu@hanmail.net
블로그	Http://blog.naver.com/paths2014
전 화	033-344-0568
팩 스	033-345-0568

값	20,000원
ISBN	979-11-86856-13-0